Esoterik

Herausgegeben von Gerhard Riemann

Immer noch leben wir in einer vorwiegend von Männern bestimmten Welt, in der die Vergewaltigung der Natur und die Zerstörung der Umwelt weiter voranschreiten. Ute Manan Schiran beschreibt eine Welt der Frauen mit den Gefühlen der Frauen in der Sprache der Frauen, eine »andere Wirklichkeit«, durch die erst die geteilte, halbierte Welt der Männer wieder ganz wird, die geschundene Natur der Erde und des Menschen wieder geheilt werden kann. Sie beschreibt eine Mutter-Tochter-Beziehung und erzählt, wie die Tochter ihre eigene Identität findet, wie sie lernt, »zu tanzen, zu träumen und zu reisen«, und dabei auf dem schmalen Grat zwischen dieser und der anderen Wirklichkeit wandelt.
Die Tochter verläßt die »Schule der Frauen« und geht auf eine lange Reise, auf der sie »die Wege der Wölfin« kennenlernt. Am Ende weiß sie, was sie tun wird: Tanzen, Erinnerungsräume öffnen, Verbindungen herstellen zwischen verlorenem und gefundenem Wissen. Den Tanz der Kriegsheilerinnen tanzen.

Ute Manan Schiran lebt fernab städtischer Zivilisation in einem Dorf auf der Schwäbischen Alb in einer Gemeinschaft von Frauen, die den Clan-Namen »Schiran« tragen. Ihr Ziel ist es, »die in den Frauen ruhenden magischen Kräfte wieder zu erinnern, zu spüren, sie zu wecken und damit umzugehen«.

Von Ute Manan Schiran ist außerdem als Knaur-Taschenbuch erhältlich:

»Menschenfrauen fliegen wieder« (Band 4171)

Originalausgabe Mai 1990

Umschlaggestaltung Dieter Bonhorst
Satz MPM, Wasserburg
Druck und Bindung Ebner Ulm
Printed in Germany 5 4 3 2 1
ISBN 3-426-04199-5

Ute Manan Schiran:
Die Wege der Wölfin

Roman einer schamanischen Reise

Knaur

Für Runa und Farin,
Lehrerinnen und Geliebte in dieser
und der anderen Welt

Inhalt

Prolog

Eines Tages kam eine Frau zur Wölfin.
Sie war voller Ehrfurcht und wollte die Wölfin als Lehrerin gewinnen. Also erzählte sie ihr von der Ernsthaftigkeit ihrer Suche und wie sehr sie darum bemüht sei, zu sich zu finden. Sie bat darum, bei der Wölfin in die Schule gehen zu dürfen. Und noch einmal erklärte sie ihr, wie sehr sie sich schon lange nach einer weisen Lehrerin gesehnt habe und wie glücklich sie sich preisen würde, wenn die Wölfin sie als Schülerin annehmen würde.
Die Wölfin hatte sich alles schweigend angehört. Sie stand auf, trat hoheitsvoll und würdig an die Schülerin heran, legte ihr weihevoll die Hand auf den Kopf und sagte: »Gut, lasse dich nicht beeindrucken« und fraß sie auf.

I

Katharina und Tamaris

Raum-Zeiten

Reisen und Tanzen

Die Insel

1.

Gibt es einen Grund zu handeln?

Unsichtbar für die große Masse der Menschen lenkten die Männer der wirtschaftlichen und militärischen Interessengemeinschaften souverän und unangefochten die Geschicke der Welt.

Lautlos versammelte sich der weibliche Traum und begann den Tanz in den Zwischenräumen.

Der Stein lag auf der Hochebene und sang. Katharina erwachte. Sie spürte, wie die kleinen Kristalle in ihrer Zirbeldrüse zu schwingen begannen und den Gesang aufnahmen. »Laßt mich in Ruhe!« sagte sie kalt und zornig. »Laßt mich in Ruhe. Was nützt es, miteinander zu tanzen, was nützt es Frauen zu treffen, inkarnierte und andere, Ahninnen, den Rat, was nützt es? Es ist unerträglich!«

Sie drehte sich auf die andere Seite und versuchte weiterzuschlafen. Es gelang ihr nicht.

Der Gesang setzte sich in ihrem Körper fort, schwang, angestoßen durch die Kristalle in ihren Hormonen weiter, breitete sich in ihrem Blut aus, setzte Impulse in den Nervenbahnen frei. »Katharina«, sang es in ihrem Körper, »Katharina, wir bitten um Kontakt. Die Wolfstänzerinnen versammeln sich. Wir bitten um deine Frequenz.«

Sie setzte sich im Bett auf. Ihr Gesicht war weiß vor Zorn. Mit fliegenden Fingern entzündete sie die Kerzen. Rund um ihr Bett lagen Zeitungsausschnitte. Sie griff einen heraus, zerknüllte ihn wütend und warf ihn an die Wand. Dann schrie sie in die nächtliche Stille hinaus: »Frauen wegen Abtreibungen angeklagt. Ein moderner Hexenprozeß in Bayern.«

Sie nahm das nächste Papier und warf es hinterher. »Eine schwangere Frau im Iran gesteinigt, weil sie ihre Waden gezeigt hat.«

Ein Papier folgte dem anderen, und sie schrie weiter. »Neonazis in ganz Europa, Hetze gegen alleinstehende Frauen, Drohungen gegen lesbische Frauen. Rote Meeresstrände, das Blut von Delphinen, die sie abschlachten, um Fischmehl aus ihnen zu machen, Ölteppiche auf allen Meeren. Verseuchte Erde, verseuchtes Wasser, verseuchte Luft. Massenvergewaltigungen in Italien, nur so, zum Spaß, und so weiter, und immer so weiter.«
Ihr Atem ging schwer, und leise sprach sie weiter. »Mal ganz abgesehen von Atomkraftwerken, von in Kauf genommenen Harrisburgs und Tschernobyls, von Erde, die für die nächsten 27000 Jahre durch atomare Abfälle verseucht sein wird. Mal ganz abgesehen von Tonnen über Tonnen atomarer Sprengköpfe, von geheimen Lagern für chemische Waffen, mal ganz abgesehen von diesem nicht zu reparierenden Irrsinn.«
Sie schluchzte, vor Zorn, vor Schrecken, vor Entsetzen. »Es ist doch alles größenwahnsinnig, was wir versuchen, Augenwischerei, lächerlich, aufgeblasen.«
»Hattest du dir ein kleines Stückchen verschonter Heimat versprochen von deinen Tänzen mit uns?« Die Stimme war scharf in ihrer Mitleidlosigkeit und ihrem Spott. »Wolltest du auf deinen Zorn und dein Entsetzen verzichten in deiner Zeit, oder wolltest du dich davon zum Tanz bewegen lassen? Deine Zeit ist nicht nett, nicht heil, kein Ort für Frauen. Wenn du sie verlassen willst, verlasse sie. Wenn du bleibst, dann sei in dieser Zeit. Leidenschaftlich.«
Katharina erkannte Hegamaths Stimme, die Stimme der Atlanterin. Obwohl sie auf einer Ebene wußte, daß Hegamath recht hatte, obwohl sie Hegamath liebte, war sie nicht in der Lage, ruhig zu atmen und klar zu blicken.

Statt dessen wandte sie ihre Enttäuschung und ihre ohnmächtige Wut gegen die Freundin.
»Ja«, schrie sie, »ja, ich wollte ein Stück Heimat, ein Stück Ruhe, was ist daran so schlimm? Ich habe den Sinn meines Lebens darin gesehen, andere Frauen dazu zu bewegen, sich ihrer Kräfte zu erinnern, damit sie und ich in der Lage sind, der Erde zu helfen, sich zu heilen — damit wir in der Lage sind, dem Irrsinn etwas entgegenzusetzen. Wie kann eine ohne Hoffnung auf Heilung leben?«
»Tanze oder geh zur Heilsarmee«, sagte eine freundliche Stimme. Sie kannte sie nicht. Der Stein sang noch einmal eindringlich, und dann verstummte jedes Geräusch in ihrem Körper, bis auf das Schluchzen, das sie schüttelte.
»Katharina«, eine sanfte Berührung. Eine Hand, die über ihr Haar glitt und die Wirbelsäule hinunterwanderte. Sie warf sich herum und in Arelas' Arme. Sie schluchzte einfach weiter.
Arelas hielt sie wortlos und brummte beruhigend, wie eine Bärenmutter ihr Junges beruhigt hätte. Langsam verebbte das Schluchzen. »Geh«, sagte Arelas, »geh, wir können nichts anderes tun als das, was wir angefangen haben, weiterzuführen.«
Katharina schüttelte den Kopf. »Ich finde nicht hin in diesem Zustand. Ich kann so nicht tanzen. Ich habe keine Motivation, die anderen zu treffen. Ich spüre keinen Sinn.«
Sie schmiegte sich an die Gefährtin. »Wenn Hegamath recht hat, und ich spüre, daß sie recht hat, dann kann ich nicht einfach hingehen. Bis jetzt habe ich mich von Hoffnung bewegen lassen, von meiner Begeisterung, von meinem Zugehörigkeitsgefühl. Nicht mein Entsetzen, nicht der Irrsinn, nicht mein Zorn — oder jedenfalls selten —

haben mich bewegt. Ich kann nicht so tun, als wär's auf einmal anders. Meine Beweggründe haben sich als Zuckerstücke herausgestellt. Das andere Gesicht dieser Beweggründe ist Verzweiflung. Zweifel tragen nicht weit. Ich bin müde, Arelas. Ich bin ausgebrannt.«
Die Tränen begannen wieder zu fließen. »Kannst du heute meine Klasse übernehmen? Ich weiß nicht, was ich ihnen zu vermitteln habe. Wozu sollte ich sie unterrichten?«
Arelas schüttelte den Kopf. »Nein, du wirst selbst unterrichten. Es ist unsinnig, nichts zu tun. Laß dich nicht hängen.« Sie lächelte Katharina an, strich ihr übers Haar und fuhr zärtlich fort: »Das muß ausgerechnet ich dir sagen.«
Katharina nickte. »Schon gut. Ich mach' es selbst.«
»Dann geh jetzt auch dem Ruf nach. Was willst du sonst tun in deinem Leben als das, wozu du dich entschieden hast?« Sie stand auf und räumte die zerknüllten Zeitungsartikel zusammen.
Katharina sah ihr vom Bett aus zu. »Es ist nicht so einfach, Arelas. Ich sitze hier und starre all diese Informationen an. Ich denke daran, daß ich als junges Mädchen meine Eltern beschimpft habe. Daß ich sie gefragt habe, was sie gegen das Hitlerregime unternommen haben. Weshalb sie den Mund nicht aufgemacht haben. Und jetzt sitze ich da und höre jeden Tag von Neonazis, die Terror gegen Menschen ausüben, die nicht ›deutsch‹ sind, höre von reaktionären Gerichtsurteilen gegen Frauen hier, ganz zu schweigen von den islamischen Ländern. Wie kann ich da künstlerischen Ausdrücken nachgehen, was bedeutet es dann, Frauen zu unterrichten, ihre elementaren Kräfte zu handhaben? Es sind so wenige, letztend-

lich. Ich sitze da und überlege, ob ich nicht einfach auf die Straße gehen muß, oder zu Greenpeace, oder, ach, ich weiß es einfach nicht.«

Arelas sah sie an und schüttelte den Kopf. »Geh jetzt«, sagte sie. »Ich habe keine Lust, dir nach Jahren zu erklären, daß das, was wir tun, politisches Handeln ist. Morgen weißt du es selbst wieder.«

Sie hatte die zerknüllten Papiere aufgenommen und trug sie zum offenen Kamin. Dann verließ sie das Zimmer. Katharina saß auf dem Bett und starrte die Türe an, die sich hinter Arelas geschlossen hatte.

Nun gut. Sie würde gehen. Manchmal war es angebracht, einfach dem Rat einer Gefährtin zu folgen. Vor allem dann, wenn eine selbst in widerstreitenden Gefühlen gefangen und aus der Verwirrung heraus handlungsunfähig geworden war.

Sie stand auf, holte ihren Beutel mit den persönlichen Kraftgegenständen, band sich den Federgürtel um und starrte in den Spiegel. Der Beutel und der Federgürtel waren ihr so selbstverständlich geworden. Aber was bedeuteten sie? Hatte sie sie nicht auch aus Hoffnung gemacht, Hoffnung, eine »bessere« Welt zu bewirken? Sie kam sich kindisch vor, naiv, gutgläubig, eine Närrin, die auf Schamanismus gebaut hatte, nicht weniger fortschrittsgläubig, als hätte sie auf Wirtschaftswunder und Technologie gebaut.

»Ich bin eine Ruine«, sagte sie zu ihrem Spiegelbild. »Alles bröckelt, bricht zusammen. Auf Sand gebaut. Das gute Kind mit den guten Absichten.« Sie zuckte mit den Schultern. Wenn sie sich selbst mitnahm, dann konnte sie auch den Beutel und den Federgürtel mitnehmen. Sie waren einander ähnlich.

Sie schlang sich ein warmes Tuch um die Schultern und ging hinaus auf die nächtliche Terrasse. Der Wind war kühl und fuhr ihr durchs zerzauste Haar. Am Himmel standen zahllose Sterne, Frühlingshimmel über den Inseln, und vor der sizilianischen Küste reihten sich die Lichter der Fischerboote schnurgerade bis zum Horizont. Hier oben, in dem Bergnest, war noch nicht einmal das Rauschen des Meeres zu hören. Nur der Wind, der um die Häuserecken strich oder sich in den Wermutbüschen oder den Stachelfeigenbäumen verfing, durchbrach die Stille.

Aus Arelas' Raum drang Lichtschein durch die Ritzen der Terrassentüre und ebenso aus einem der weiter unten gelegenen Häuser, in denen die Schülerinnen untergebracht waren.

Sie kannte jeden Weg und Steg. Im Dunkeln ging sie los, zwischen den »Lenze«, den Terrassengärten, hinauf auf die kleine Dreschtenne, die vor Hunderten von Jahren angelegt worden war. Dort lagen zwei Höhlen, ehemalige Vorratskammern, die aufs Meer hinaus offen waren. Sie setzte sich für eine Verschnaufpause in eine der beiden, atmete ein paarmal tief und begab sich dann auf den Weg zu den anderen Wolfstänzerinnen.

Vorsichtig, und ohne die Pflanzen und Tiere in der Nacht zu stören, tastete sie sich den Berg hinauf, bis sie den schweigenden Gesang des Steines berührte. Der Gesang ihres Wesens verflocht sich mit der Stimme des Steins. Sie erhielt Eingang und Antwort und begann zu tanzen. Die Tänze der Wolfstänzerinnen waren den Fingerabdrücken der inkarnierten Menschen gleich, unverwechselbar. Jede der anderen würde sofort wissen, wer kam. Kein Muster glich dem anderen, in keiner Zeit-

Raum-Ebene, weder in den Räumen zwischen den Welten noch in ihnen selbst.
Ihr Tanz, wie sie die Essenz ihres Wesens nannte, erreichte die Versammlung. In ihrem Körper setzte sie die Tänze der anderen zu Bildern von Frauen zusammen, so daß sie sie sehen konnte. Margareta zum Beispiel aus dem 15. Jahrhundert in England oder Thea aus Kreta, aus einer Zeit lange bevor die minoische Kultur entstanden war. Sie spürte Hegamath aus Atlantis und Deechthe vom Sirius. Am schwierigsten war es, den Tanz des Rates in Bilder zu fassen. Sie schienen sich jeder bildhaften Wiedergabe zu entziehen. Nur manchmal konnte sie für einen Augenblick die ganze Kraft dieser weltenbewegenden Essenz in ihrem Körper halten und die archaischen Gesichter der Rätinnen betrachten, bevor sie sich wieder entzogen. Sie wurde freudig empfangen.
Als sie aus der Höhle trat, stieg die Sonne im Osten aus dem Meer und färbte die Felsen hinter ihrem Rücken rot. Sie gähnte und streckte sich und ging dann zurück zu ihrem weißen Haus zwischen den roten Felsen. Sie holte Wasser aus der Zisterne und wusch sich. Es war zu früh, um bereits mit dem Unterricht zu beginnen, aber zu spät, um noch einmal ins Bett zu kriechen. In der kleinen Küche mit dem dickbauchigen Herd machte sie sich Tee und aß. Die Tänze machten sie hungrig. Nach einem der ersten, den sie in ihrem jetzigen Leben getanzt hatte, waren Arelas und den anderen Gefärtinnen fast die Augen aus dem Kopf gefallen, so hatte sie gegessen. Und sie hatte lachend gesagt: »Was schaut ihr so, ich bin eben hungrig wie eine Wölfin nach ihrem Tanz.«
Die Sonne war ein wenig höher geklettert. Die ersten Falken schraubten sich im Aufwind in die Höhen, spiele-

risch und ohne jeden Jagdgedanken. Mit in den Nacken gelegtem Kopf sah sie ihnen nach, bis sie über der Hochebene verschwanden. Sie holte ihren Sammelkorb und die kleine, mondsichelförmige Machete und folgte ihnen. Arelas hatte recht behalten. Sie war nicht mehr so außer sich, auch wenn sie das Bröckeln und Zusammenbrechen liebgewonnener Motive nach wie vor spürte. Gleichzeitig war ihr Körper durch ein Muster, das sie gemeinsam mit den anderen Wolfstänzerinnen ertanzt hatte, in Bewegung geraten, schwang, ohne daß sie schon übersetzen konnte, was das Muster bedeutete.

Sie atmete langsam und bedächtig, nahm das Meer in sich auf, die Winde, die Felsen, die, von der Sonne beschienen, sich jetzt rot und schwarz oder grau bis zum Hochplateau erstreckten. Sie streckte sich. Sie kannte diese Körperzustände. Das ertanzte Muster schwang, nahm Raum in ihr, aber es war noch nicht zu greifen, hatte sich noch nicht so weit ausgedehnt, daß es zu einem sichtbaren, faßbaren Impuls geworden war. Die bröckelnde Struktur, die zusammenbrach, als hätte sie einen Schlußstein aus einem romanischen Gewölbe genommen, gab Raum frei, der noch nicht sofort wieder gefüllt werden konnte. Die Gleichzeitigkeit war kaum zu atmen. Sie wußte nur aus Erfahrung, daß ihr jede Interpretation, jeder Versuch, jetzt schon fassen zu wollen oder neu zu füllen, nicht helfen würde. Es war ein Zustand zwischen den Formen und Ausdrücken dieser Welt.

Früher hatte sie versucht, diese Zustände zu ertragen oder abzukürzen, um wieder aktiv zu sein, entschieden und funktionsfähig. Aber alles hatte nur dazu geführt, daß sich der Prozeß verzögert hatte. Dann hatte sie Zeiten gehabt, wo sie den Zustand untersuchen wollte, interpretiert hatte, voraussehen wollte, wohin die Bewegung führen würde oder führen sollte. Sie wußte längst, daß all das hilflose Gesten waren, um der Wahrnehmung zu entgehen, daß nichts zu fassen war, kein Ziel, kein Grund. Langsam und manchmal mühsam hatte sie gelernt, die Bewegtheit zu genießen, ohne sie zu begreifen. Sie versuchte Hoffnung zu spüren, aber sie hatte den Geschmack und den Geruch von Hoffnung verloren, und das Wort stürzte schwingungslos und haltlos an ihr vorbei in einen Abgrund. Sie probte Begeisterung, aber sie war ohne Glut, und farblos fiel das Wort in sich zusammen, wurde durchsichtig und gab dann einen Blick auf Schluchten frei.

Sie lehnte sich an einen der bizarren Lavafelsen und sah über das Meer. Himmel und Meer trieben in einem Dunstschleier ineinander, nicht unterscheidbar, von milchigem Blau. »Die unerträgliche Leichtigkeit des Seins«, dachte sie, sich an einen Filmtitel erinnernd, zu dem sie die Bilder längst vergessen hatte. Langsam stieg sie weiter hinauf, ging die Lenze mit den wilden Fenchelstauden entlang und pflückte den Korb voll.

Unter ihr lagen die Häuser jetzt im vollen Sonnenlicht. Einzelne Frauen hantierten auf den Terrassen. Sie war bereits zu hoch im Gebirge, um unterscheiden zu können, wer da wirtschaftete. Nachdenklich sah sie auf die Ansammlung von Häusern und geschäftigen Frauen hinunter. Das war einer der Orte, an den sie die Jahre und die Tänze geführt hatten. Die Verzweiflung der Nacht war verklungen und dennoch nah, wie eine vergangene Wehe. Der Tag, der dieser Nacht vorausgegangen war, schien ihr unendlich weit entfernt, erfüllt von Dingen, auf die sie nicht mehr zurückgreifen konnte.

Mit dem vollen Korb machte sie sich auf den Heimweg. Von weitem hörte sie Gelächter. Arelas stand auf ihrer Terrasse, die Hand gegen die Sonne beschattend über die Augen gelegt, und sah ihr entgegen. Als Katharina nah genug war, sah Arelas sie forschend an, schien zufrieden, nickte und verschwand wortlos wieder in ihrem Haus.
Katharina ging zur großen Gemeinschaftsküche. Anna, die in diesem Jahr für das leibliche Wohl der Frauen zuständig war, nahm ihr entzückt den Korb ab und küßte sie. »Ich werde ihn einlegen, köstlich! Möchtest du einen Cappuccino?«
»Immer!« sagte Katharina. Sie zog einen Stuhl auf die Terrasse und holte sich den heißen Kaffee.
Aus dem Tanzraum hörte sie Tamaris' Anweisungen. Die Aufwärmarbeit, das Beweglichkeitstraining, all das konnte sie längst ihrer Tochter überlassen. Tamaris war mit ihren 15 Jahren Meisterin ihres Faches. Sie sah alles, jede Verspannung, jede Bewegung, die nicht mit sich selbst identisch war, die »gemacht« war, und sie korrigierte mit einer erstaunlichen Mischung aus Geduld und Unerbittlichkeit. Katharinas Gedanken schweiften ab. Sie überflog den Ablauf des Unterrichts, streifte die Termine der Vorführungen, die sie bereits für die Sommerzeit in Deutschland ausgehandelt hatte.
Anna kam auf die Terrasse und sah sie prüfend an, hob die Nase in die Luft und schnupperte: »Wölfinnengerüche?« fragte sie.
Katharina nickte. »Ja, noch nichts Bestimmtes. Ein Geruch, mit dem ich keine Bilder und Vorstellungen verbinden kann. Noch schwach, verliert sich immer wieder. Aber mein Körper hat die Fährte aufgenommen.«
Sie grinste Anna an. »Es fällt mir immer noch schwer,

meine Arbeit hier zu tun, wirklich da zu sein, während ich gleichzeitig auf der Fährte bin. Gestern war es unerträglich. Ein Muster in mir bricht zusammen, und das neue ist noch nicht zu fassen. Auf der Fährte sein ist reine Bewegung. Nichts, wohin ich zurückkehren könnte, und noch nichts, was sich zeigen will. Aber es ruft und lockt und fordert.« Sie zuckte mit den Schultern.

»Zeichen?« fragte Anna knapp.

»Keine, die ich entschlüsseln könnte«, antwortete sie.

»Hast du heute nacht nicht getanzt? Konntest du es da nicht wahrnehmen?«

Katharina sah sie an und lachte. »Während ich Tanz bin, sicher, aber in meinem inkarnierten Körper braucht es trotzdem eine Weile, bis sich das Muster ausbreitet und ich es begreifen kann.«

Sie stand auf, trug ihre Tasse in die Küche, drehte sich zu Anna um und sagte: »Unterricht, energetische Kommunikation.« Damit verließ sie die Küche, stieg die schmalen Treppen hinunter, die zum Tanzraum führten, und war Annas nachdenklichen Blicken entzogen.

Nach dem Vormittagsunterricht ging sie zurück in ihr eigenes kleines Haus. Sie legte sich angezogen aufs Bett und starrte an die Decke. Sie hatte den Unterricht gehalten wie immer. Nein, sie schüttelte den Kopf. Sie hatte ihr Handwerkszeug gebraucht, ihr Wissen um telepathische Gesetze, um Muster, um unsichtbare Ebenen der Kommunikation, ihren Blick, mit dem sie erkannte, wenn eine nicht wirklich wahrnehmen konnte, sondern die ankommenden Schwingungen auf innere Meinungen und eigene Gefühlskategorien fallen ließ und sie auf diese Weise färbte und interpretierte. Aber sie hatte ohne Begeisterung und ohne die bekannte Lust gelehrt. Sie hatte einfach gearbeitet, präzise und gut, und sich selbst immer wieder abgetastet und gefragt, ob dieser Zustand Gleichgültigkeit und Lustlosigkeit war oder einfach Lebendigkeit, pure, unbekleidete Lebendigkeit, die keine Antriebe brauchte, die so leicht zusammenfielen wie Begeisterung und Hoffnung auf irgend etwas. Sie war zu keinem Schluß gekommen und versuchte es auch jetzt nicht.

Nach einer Weile stand sie auf und ging zur »Piazza delle nonni«, dem Ahninnenplatz. Dort standen Arelas', Fannys und ihre eigenen Skulpturen, Gestalten, die sie im Laufe der Jahre entworfen hatten und die ihren Vorstellungen von den Ahninnen am nächsten kamen.

Nach einem ihrer Wolfstänze war sie zurückgekommen und hatte versucht, die Erfahrungen in einer Skulptur auszudrücken. Sie hatte den frauhohen roten Stein vorsichtig geformt, bis aus dem amorphen Stein eine Gestalt herausgeholt war, die sie »Ora, Orale, Orakel, die Zeit spricht« genannt hatte. Während der Arbeit damals hatte sie oft innehalten müssen, weil die Intensität des Kontaktes mit dem ungeformten Steinleib sie manchmal fast beängstigt hatte. Der Stein hatte mit ihr gesprochen, und sie hatte den Meißel dort angesetzt, wohin sie geführt worden war, damit die Gestalt, die im Stein unsichtbar immer vorhanden gewesen war, hervortreten konnte.

Jetzt legte sie ihre Hände auf die steinerne Gestalt und verflocht ihren Gesang mit dem der Ahnin. »Nonna, hilf mir, ich bitte dich, hilf mir, nicht voreilig zu sein, hilf mir, diese Zeit zwischen den Formen lebendig zu leben. Und wenn ich doch voreilig versuchen sollte, Schlüsse zu ziehen und den augenblicklichen Tanz in eine frühe

Form zu pressen, dann«, sie kicherte leise, »gib mir einen Tritt in den Hintern, damit ich nichts festhalten kann.« Sie schmiegte sich an den Ahninnenstein und spürte die Schwingung von Zustimmung und Belustigung, eine sanfte Berührung, die von weit her zu kommen schien, flüchtig und dennoch von strahlender Gegenwärtigkeit.

2.

Gibt es einen Grund zu reisen?

Wenn du der Wölfin begegnest, knabbere an ihren Lefzen. Das ist die Sprache, die sie versteht.

Spring mit ihr durch die vermeintliche Macht. Dort, wo keiner hinreicht, leckt sie ihre Jungen.

Die Tage vergingen. Sie arbeitete, aß, schlief, ging nachts für eine Stunde in die kleine Höhle, lag dort und hörte ihrem Körper zu, lauschte auf das Geräusch des Einstürzens, das wie ein fernes Rauschen und Brechen in ihrem Körper klang. Sie kicherte in Erinnerung an den Film »Alexis Sorbas«, als zum Schluß das Fördergerüst in sich zusammenbrach und Anthony Quinn, alias Alexis Sorbas zu dem Engländer sagte: »Ich habe noch nie etwas so schön zusammenbrechen sehen.«
Sie verfolgte das Steigen des neuen Musters, wie zunehmende Flut, stetig und unaufhaltsam von ihr Besitz ergreifend. An manchen Tagen erschien ihr das Fehlen von Begeisterung und Hoffnung als ein fast unerträglicher Mangel. Dann fühlte sie sich müde und lustlos, und ihre Handlungen schienen sinnlos und unzusammenhängend. An anderen genoß sie die Präzision ihrer Wahrnehmung, die durch nichts getrübt war, genoß die Schnelligkeit ihrer Bewegungen, wenn sie im Unterricht zustieß wie eine Falkin, sobald sie Verwirrung und Taubheiten erspähte. Genoß es, ins Herz der Verwirrungen vorzustoßen, so schnell und klar, daß den Schülerinnen keine Zeit blieb, Barrieren aus Wenn und Aber aufzubauen. Ein Zustoß, der die Muster erschütterte, mit einem Lachen, durch ein Wort, durch eine Drehung des Körpers.
Eines Abends saß sie an ihrem Schreibtisch, starrte auf das weiße Blatt Papier, das vor ihr lag, und lauschte. Wie-

der dieser Widerstreit; die alten Empfindungen, die sie mit Intensität, Lust und Glücksgefühlen verbunden hatte, schienen zu schreien, sich über den Mangel zu beklagen, den sie selbst manchmal empfand. Wo war ihr Feuer, ihre Lebendigkeit, ihr Glaube an Veränderung, das Gefühl, die Arbeit der Gruppe hier oben in dem abgelegenen Bergnest sei von Wichtigkeit?
Sie tastete in ihrem Körper nach der Intensität und der Begeisterung, die ihr Leben bis zu diesem Frühjahr erfüllt hatten, und fand eine unermeßliche Weite und Stille. Das Echo auf ihrer Suche war nur noch vage Erinnerung, kaum mehr als ein Hauch, nichts, woran sie sich entzünden konnte. Brunnen voller stiller Wasser, in denen kein hineingeworfener Stein Kreise zu ziehen begann. Himmel ohne jede Begrenzung, in denen kein Wind tanzte. Erde von Horizont zu Horizont ohne jeden Gesang, und Glut, die keine Nahrung zu entfachen vermochte. Sie gab es auf, zu suchen, glitt an schemenhaften Wünschen und Bedürfnissen vorbei und ergab sich der Weite, in der alles Wollen, jede Begierde, jeder Wunsch nach Gestaltung zerflossen, bevor sie sich verdichten konnten.
Einen Augenblick erschrak sie bei dem flüchtigen Gedanken, daß es in dieser Weite kein Ziel geben würde, kein Ankommen, von wo aus sie wieder auftauchen konnte in dieses Leben. Aber es dauerte nur den Bruchteil einer Sekunde, und sie sank weiter hinaus und hinab, ließ Konturen und Zeit hinter sich, Wahrheiten, die ihr teuer waren, und Ideale, für die sie zu kämpfen bereit gewesen war. Es gab keine Himmelsrichtungen mehr, kein Oben und Unten, kein Links und Rechts, kein Nah und Fern, keinen Ort, kein Lot, keinen Grund.

Als letztes verblaßten die Farben, Reste des pulsierenden Lebens gestalteter Welten.

Eine Zunge strich ihr übers Gesicht. Die Wölfin stand über ihr. Komm, sagte sie, komm, und trabte los. Katharina folgte ihr in dieser Weite, die kein Land war, konturlos und fremd. Dann sah sie das Muster, die Träumerin, die Drachin, pulsierend und bebend im Erwachen. Und an manchen Stellen sah sie die Lanzen, den Bann, aus dem Verwirrung und Mißbrauch entstanden, das Herausreißen in die materielle Welt, dort, wo sich das Muster nicht lebendig in die materielle Welt beugte. Auch darin war ein Plan zu sehen, ein Muster, das sich nährte und erstarrte.
Tränen liefen über ihre Wangen, sie wollte die Lanzen aus dem tanzenden Gewebe reißen, aber die Wölfin hielt sie zurück. Nicht kämpfen sollst du, Kampf sollst du sein, nicht zornig sollst du werden, Zorn sollst du sein, nicht Mitleid sollst du empfinden, sondern das Leid atmen, um daraus eine Waffe zu schmieden. Lebendigkeit sollst du sein, nicht dich lebendig fühlen. Katharina sprang in das Muster und tanzte. Die Wölfin rief ihr etwas zu, aber sie hörte sie nicht. Sie war Tanz, erbarmungslos, leidenschaftlich, flammend und kühl.

Arelas saß über den Entwürfen für die Kostüme. Tamaris wollte sie noch besuchen, um sie mit ihr durchzusehen. Sie mochte die milden Frühlingsabende, an denen sie bei offenen Terrassentüren arbeiten konnte. Sie schlürfte genüßlich an dem Glas Rotwein, das sie sich in der Küche geholt hatte, und kaute an ihrem Stift. In Gedanken ging sie die Probe, der sie am späten Nachmittag beigewohnt hatte, noch einmal durch. Tamaris tanzte ihre Rolle überzeugend, ein junges Mädchen, das zu ihrem Eigen-Sinn erwacht, das Märchen von den roten Schuhen, nicht in der grausam christlichen Tradition eines Hans Christian Andersen, sondern als Initiationstanz in die eigene Kraft, die roten Schuhe als Symbol für die erste Menstruation. Die Kostüme für die einzelnen Szenen waren farbenfroh vor ihrem inneren Auge entstanden.

Sie begann zu zeichnen und hielt aufhorchend inne. Von irgendwo her war sie gerufen worden. Sie wußte sofort, daß es nicht eine der Frauen hier aus dem Dorf war. Sie schloß die Augen und versuchte zu ergründen, wer sie rief. Ein Tor tauchte auf, und darin stand eine Frau, die wild mit den Armen gestikulierte und rief. Sie konnte sie nicht gleich verstehen, spürte nur in ihrem Körper, wie sich Katharinas Name eingrub. Sie sprang auf und lief, ohne weiter nachzudenken, zu Katharinas Haus hinüber. Von weitem sah sie Kerzenlicht aus ihrem Zimmer schimmern und atmete erleichtert auf. Also war sie zu Hause. Vor der offenen Küchentüre rief sie ihren Namen. Keine Antwort. Sie trat ein, betrat das nächste Zimmer, das im Dunkeln lag, und folgte dem schwachen Lichtschein bis in Katharinas Arbeitszimmer. Dort fand sie sie, den Kopf auf dem Tisch, schlafend. »Kein Wunder, bei der vielen Arbeit«, dachte sie.

Als sie näher kam, spürte sie den Mangel von Katharinas Energiefeld. Sie berührte sie vorsichtig. Ihr Körper war von einer merkwürdigen Leblosigkeit und Kühle. Ohne sie weiter anzufassen, tastete sie mit ihren Sensoren Katharinas Körper ab. Der Atem ging flach und langsam, das Herz schlug ebenfalls schwach und in ungewöhnlich langen Abständen. Eine dünne Energieschnur verließ ihren Nabel. Arelas versuchte zu folgen, aber es schien ihr,

als verlöre sich die Spur im Nirgendwo. Seit Jahren arbeiteten sie auf vielen Ebenen zusammen. Arelas war daran gewöhnt, einen sicheren telepathischen Kontakt mit Katharina zu haben und sie überall zu finden. Jetzt schien sie nirgends zu sein, wo sie sie hätte erreichen können.
Tamaris betrat den Raum und sagte fröhlich: »Na, da bist du ja. Ich dachte, wir wären heute abend verabredet.«
Arelas drehte sich nach ihr um, legte den Finger auf den Mund und deutete mit einer Kopfbewegung auf Katharinas scheinbar schlafenden Körper. »Ich kann sie nicht erreichen. Kannst du es versuchen? Schließlich bist du ihre Tochter, vielleicht reicht dein Kontakt weiter.«
Tamaris starrte sie erschrocken an. »Du weißt doch, daß ich darin nicht ausgebildet bin. Ich habe damit nichts zu tun. Ich bin Tänzerin in dieser Welt.«
Trotzig, aber auch besorgt betrachtete sie ihre Mutter. »Was muß ich denn tun?« fragte sie nach einer Weile leise.
»Versuch sie dir vorzustellen, so wie du sie liebst. Laß die Zuneigung in deinem ganzen Körper schwingen, bis du dich davon ausgefüllt fühlst. Und dann rufe sie.,«
Arelas sah zu, wie Tamaris die Augen schloß. Sie spürte, wie die junge Frau sich erst unbeholfen vergangene Szenen in Erinnerung rief, die sie mit der Zuneigung zu ihrer Mutter verband, wie sie innerlich an diesem Gefühl baute, einer Architektin gleich, bis sie darin schwang und davon erfüllt war.
Bei aller Besorgnis, die sie Katharinas wegen empfand, mußte Arelas doch über Tamaris schmunzeln. Von klein auf hatte das Mädchen sich geweigert, den »Spritkram«, wie sie ihre, Katharinas und der anderen Frauen Arbeit in anderen Ebenen bezeichnete, mitzumachen. Offen-

sichtlich hatte die disziplinierte Arbeit als Tänzerin sie dennoch ohne die übliche Schulung in die Lage versetzt, jetzt ein starkes telepathisches Feld, das auf ihre Mutter gerichtet war, aufzubauen.

»Jetzt ruf sie«, sagte sie leise. Sie hörte Tamaris rufen, sanft und zärtlich, eindringlich und lockend. Dann sah sie, wie ein schwaches Leuchten in Katharinas Nabelschnur auftauchte und zu ihrem Körper glitt.

Katharina spürte den Zug, ein Drängen, das sie rief. Unwillig schüttelte sie den Ruf ab, sie war Tanz, was sonst, immer.

»Kannst du das Feld noch halten, Tamaris?«

Das Mädchen schüttelte den Kopf. »Ich hab' sie nicht erreicht, oder?«

»Doch«, sagte Arelas, »ich konnte es sehen. Glaubst du, du könntest die Konzentration aufbringen, es noch einmal zu versuchen?«

Tamaris zuckte mit den Schultern. Dann versuchte sie es erneut. Noch einmal gelang es ihr, zu Katharina vorzudringen, aber auch diesmal war der Kontakt kurz und brach ab, bevor mehr als das schwache Leuchten auftauchte.

»Verdammt«, brummte Arelas, und zu Tamaris gewandt sagte sie: »Das war gut, aber es genügt nicht. Hol Anna und Erina und, wenn du sie findest, auch Olga. Sie ist zu weit, um es allein zu schaffen.«

Tamaris flog davon, und zehn Minuten später waren die drei Frauen in Katharinas Arbeitszimmer. Tamaris blieb unschlüssig und scheu in der Türe stehen.

»Wenn du dableiben willst, dann komm rein und mach die Tür zu. Wir werden sie locken müssen.« Olga hatte einen Blick auf den zusammengesunkenen Körper am

Schreibtisch geworfen. Tamaris schloß die Türe und setzte sich auf den äußersten Rand von Katharinas Lesesessel.
Sie sah, wie die vier Frauen einander die Arme um die Schultern legten, die Köpfe aneinandergeschmiegt, und einige Minuten in dieser Stellung verharrten. Obwohl sie Katharinas Zustand beängstigte und sie sich unsicher und unbehaglich fühlte, lächelte sie bei diesem Anblick erheitert. Vor Jahren hatte sie im Fernsehen die Japanerinnen vor ihrem Olympiavolleyballspiel genauso beisammenstehen sehen. Es hatte sie sehr beeindruckt, dieser kurze Augenblick der gemeinsamen Konzentration, bevor die jungen, anmutigen Frauen aufs Feld gestoben waren und jede ihren Platz eingenommen hatte, schnell und beweglich. Sie hatte sich vor ihrem ersten Tanzauftritt daran erinnert, und die Mittänzerinnen um diese Geste der Gemeinsamkeit gebeten, bevor der Vorhang aufgegangen war und jede ihre Rolle übernahm. Ein gemeinsames Spiel, ein gemeinsamer Tanz, und doch war jede für sich gefordert.
Hier schien es ähnlich, die Frauen lösten sich nacheinander aus der Umarmung, nahmen ihre Kraftgegenstände auf, und jede begann mit ihrer Bewegung. Tamaris war lange genug mit Choreographie umgegangen, um zu sehen, daß die Muster der Bewegungen sinnvolle Geometrien ergaben. Fasziniert von der Darstellung, der Meisterschaft der Bewegungen, der Stimmen und der körperlichen Präsenz vergaß sie eine Weile den Grund der Versammlung. Erst als sie den langanhaltenden Seufzer hörte, der sich dem noch immer leblos aussehenden Körper entrang, war sie sich dessen wieder bewußt.
Katharina war Tanz. Weder sah sie die Wölfin, die am

Rande der Welten auf und ab trabte und auf sie wartete, noch nahm sie wahr, was in ihrem Arbeitszimmer geschah. Erst allmählich drang in das Tanzmuster ein Ton, eine Schwingung ein, die sie zu neuen Schritten bewegte. Der Tanz veränderte sich, erhielt eine Richtung. Etwas rief sie, lockte, verlangte nach ihrer Aufmerksamkeit, sie drehte sich, sah die Wölfin, die ihr den Rücken bot, um sie zu tragen. Sie jagten durch die Weite. Ihr Kopf lag schwer auf der Schreibtischplatte, und ihre Arme hingen kraftlos über die Stuhllehnen. Allmählich nahm sie Bewegung und Gesang um sich wahr. Sie schien aus tiefem Schlaf zu erwachen. Sie starrte die Frauen an, schüttelte lächelnd den Kopf und sah sich um, als wäre sie in einem fremden Land.
Arelas grinste: »Herzlich willkommen. Du warst ganz schön weit weg. Es hat eine Weile gedauert, dich wieder hierher zu locken.«
Tamaris stürzte in die Arme ihrer Mutter. Katharina umschlang sie und fragte leise. »Hast du Angst gehabt?«
Tamaris konnte nur nicken, die Tränen liefen ihr über die Wangen, jetzt, wo alles gut war. Katharina hielt sie und sagte über ihren Kopf hinweg zu den anderen Frauen: »Danke, ich war weit, und ich bin nicht sicher, ob ich ohne euch zurückgefunden hätte.«
Olgas Stimme war scharf vor überstandener Besorgnis und Mißbilligung: »Das nächste Mal, wenn du eine solche Reise antrittst, sag es vorher, damit eine dich überwachen kann.«
Katharina nickte. »Ich hatte es nicht geplant. Und ich wußte nicht, daß ich so weit gehen würde. Selbst mir war die Pfadlosigkeit unbekannt, der ich begegnet bin.«
Tamaris sah zu Katharina auf: »Wozu soll das alles gut

sein, Mutter? Es gibt hier soviel zu tun, für uns Frauen, für unsere Würde, für diese Erde. Weshalb diese Reisen, weshalb?« Wieder liefen ihr Tränen über die Wangen.
Katharina zuckte müde mit den Schultern: »Vielleicht habe ich diese Reise nur gemacht, um mehr Gelassenheit zu haben und gleichzeitig mehr Mut in diesem Zeit-Raum, für den ich mich entschieden habe zu sein. Vielleicht ... ach, Chica, ich weiß es noch nicht. Ich habe den Plan getanzt oder das Muster. Und meine Freiheit, Chica, besteht nicht darin, mich dagegen zu stellen, sondern zum Plan zu gehören, den die Träumerin träumt.«
»Aj«, Erina, die mit verschränkten Armen am Tisch stand, sagte es freundlich. »Gut gesprochen, Wölfin. Und jetzt wirst du verantworten, daß du fünf Frauen erschreckt und zu konzentriertester Energiearbeit bewegt hast.«
Katharina lachte und löste sich aus Tamaris Armen. »Wie ich euch kenne, seid ihr schrecklich hungrig nach dieser unfreiwilligen Aktion. Wie wäre es mit einem kleinen Imbiß?«
»Ich würde mich lieber morgen an dir schadlos halten. Heute bin ich nur noch müde«, sagte Olga, und die anderen Frauen stimmten zu.
Arelas und Tamaris standen noch in der Türe, als die anderen Frauen schon gegangen waren. Tamaris sah bedrückt aus, unglücklich und abweisend, und doch schien sie sich nicht lösen zu können. Katharina betrachtete sie nachdenklich und fragte dann: »Können wir die Fragen, die dich bewegen, auch morgen besprechen, oder kannst du sonst nicht schlafen?«
Tamaris schreckte aus ihren Gedanken hoch. »Schon gut«, sagte sie. »Laß mich nur erst mal drüber schlafen.

Gute Nacht.« Sie drehte sich um, und Arelas und Katharina hörten noch das Geräusch ihrer Sandalen, als sie leise über die Terrasse davonschlich.
Die beiden Frauen sahen sich an. »Es ist bestimmt nicht leicht für sie«, sagte Arelas. »Vieles von dem, was wir tun, entspricht ihren eigenen Vorstellungen von Würde und Selbständigkeit, von Eigen-Sinn und Handlungsfähigkeit. Vieles ist ihr sogar in seiner politischen Sprengkraft verständlich. Aber vieles ist für sie auch lächerlich, unsinnig, überflüssig und unpolitisch. Ich kann sie verstehen. Muß ja selbst immer wieder alles hinterfragen und überprüfen, und es gibt Tage, da komme ich zum selben Schluß wie sie. Jetzt muß sie sich in all dem Geliebten und Belächelten, Verwirrenden und Beängstigenden einen eigenen Weg bahnen.«
Katharina seufzte. »Na ja, im Augenblick geht es mir wirklich nicht unähnlich. Dabei bin ich dreimal so alt wie sie und sollte wissen, was ich will.«
Arelas sah sie an und lachte. »Wenn du die Dinge, die du tust, nicht mehr in Frage stellen wirst, werde ich anfangen, mir ernsthaft Sorgen um dich zu machen.«
Katharina war aufgestanden. Sie legte den Arm um Arelas' Schultern und trat mit ihr hinaus auf die Terrasse. die Sterne funkelten, ein kühler Wind flüsterte in den Gräsern und Bäumen und rüttelte von Zeit zu Zeit als Böe an den blauen Fensterläden. Eine Weile standen sie ruhig, die Gesichter dem Meer zugewandt, die Körper aneinandergeschmiegt, jede in Gedanken versunken.
»Woran hast du es gemerkt?« fragte Katharina unvermittelt in die Stille hinein.
»Eine hat mich gerufen. Sie stand in einem Tor, das ich nicht kannte und«, Arelas lachte in Erinnerung an das

Bild, »sie hat schrecklich aufgeregt mit den Armen gerudert und immer wieder in das Tor gezeigt und deinen Namen ausgesprochen. Na ja, dann bin ich hierher gelaufen.«
»Wie geschützt wir sind«, sagte Katharina mit kindlichem Erstaunen.
Wieder lachte Arelas. »Sei nicht naiv. Es ist die pure Ökonomie. In den anderen Welten ist es nicht anders als hier. Du hast eine phantastische Ausbildung genossen, und keine, die sich zum Plan gehörig sieht, wird dich aus Unachtsamkeit aus einer Zeitebene fallen lassen, in der du gebraucht wirst. Das ist doch ganz einfach.« Sie lachten beide. Dann versanken sie wieder in Schweigen.
»Mir wird kalt«, sagte Katharina nach einer Weile. »Darf ich dich einladen, heute nacht hierzubleiben?«
Arelas nickte. Eine Geste, die Katharina im Dunklen nicht sah. Aber sie spürte die Zustimmung im Körper der anderen Frau. Mit beiden Händen faßte sie in Arelas' festes Haar. Sie küßten sich leidenschaftlich und ausgiebig. Beide nahmen die langjährige Vertrautheit war und die immerwiederkehrende Neugierde, als begegneten sie sich zum ersten Mal. »Komm«, sagte Katharina nach einer Weile leise. Hand in Hand gingen sie ins Haus und schlossen die Läden vor dem stärker werdenden Wind.

Es war noch dämmrig, als Tamaris aus wirren Träumen erwachte, die sie während des kurzen und unruhigen Schlafes geplagt hatten. Im Halbschlaf glitten noch Fetzen davon an ihr vorüber, aber als sie ganz erwacht war, blieb lediglich ein Gefühl der Zerschlagenheit und Unzufriedenheit übrig. Sie schälte sich aus ihren Decken, tappte auf bloßen Füßen in die kleine Küche, machte sich Kaffee und nahm die Tasse mit ins Bett zurück. Sie kuschelte sich noch einmal hinein und versuchte den gestrigen Abend zu begreifen. Aber alles blieb wirr. Nebeneinander existierende Unvereinbarkeiten: die Angst um Katharina, die Freude an der Meisterschaft der Frauen, ihre eigenen Panikgefühle, fast ein Fluchtreflex, und die Wut. Sie atmete erstaunt tief ein und aus, als sie sie zuließ, eine Wut, wild und explosiv. Wut, die einer heißen Welle glich, sich in ihrem Körper ausbreitete und wie eine Peitsche nach Katharina schlug. Sie bohrte die Fäuste in die Augenhöhlen, um die hervorquellenden Tränen zurückzudrängen, und atmete keuchend. Warum nur, warum mußte diese Frau sich in tausend anderen Welten herumtreiben? Weshalb konnte sie nicht hierbleiben? War hier nicht genug zu tun? War es nicht genug, eine Schule zu haben, in der Mädchen und Frauen zu ihren künstlerischen Ausdrücken, ihrem kreativen Eigen-Sinn begleitet wurden? War es nicht genug, daß sie Sprachen und Geschichte auf eine andere Weise lehrten, als Heldengeschichten und Kriege zu erzählen und patriarchale Sprache zu vermitteln? War es nicht genug, daß sie den Frauen und Mädchen die fast verlorene Freude an ihren Körpern und die darin verborgene Würde und Kraft wieder nahebrachte? Weshalb mußte sie mit Steinen sprechen oder mit Wesen, die nicht von dieser Welt waren? Weshalb konnte sie Pflanzen nicht Pflanzen sein lassen, sondern mußte mit ihren Geistern reden? Weshalb der ganze Hokospokus? Lächerlich und albern und offensichtlich, das hatte sie gestern begriffen, auch gefährlich. Nicht, daß sie bezweifelte, daß es Dinge gab, die rational nicht zu erfassen wären. Sie hatte sich begeistert mit subatomarer Physik beschäftigt, diesem Tanz der unsichtbaren Teilchen. Sie liebte die Mythen um die tanzende Göttin in Thailand, und es hatte ihr sofort eingeleuchtet, daß die Thais, wenn sie in ihr Gebiet eindringen, kleine Opfergaben an bestimmten Stellen niederlegten, um den Regenwald unbeschadet wieder verlassen zu können. Sie hatte, als sie das erste Mal von ihr hörte, nicht geruht, bis sie eine kleine Statuette von ihr gefunden hatte. Sie betrachtete die kleine Figur als Talisman und hatte sie bei jedem Auftritt dabei. Das, so entschied sie, war etwas anderes als die Dinge, die ihre Mutter tat. Sie wußte, daß sie es nicht begründen konnte, weshalb das so für sie war, aber sie blieb dabei. Basta.

Langsam verrauchte die Wut. Zurück blieb ein vages Unbehagen und das Gefühl, fort zu müssen. So hatte sie noch nie gedacht. Sie mochte die Schule. Sie mochte das Tanztheater. Nachdenklich schlürfte sie an ihrem Kaffee. Was für ein verrückter Gedanke, einen Ort und Frauen verlassen zu müssen, die sie liebte. Sie würde darüber nachdenken, vielleicht war es nur die Laune des Augenblicks. Jetzt war es Zeit, zum Frühstücken zu gehen und dann den Unterricht zu halten, den Katharina ihr übertragen hatte und den sie voller Stolz übernommen hatte.

In dem großen, hellen Eßzimmer waren schon mindestens ein gutes Dutzend Frauen, als Tamaris zum Frühstück kam. Die Aussicht zu reden erfüllte sie mit Widerwillen. Sie holte sich ein Tablett, ging zum Frühstücksbüfett, lud sich gedankenverloren ein paar Sachen auf und verzog sich auf die kleine Terrasse, die hinter dem Haus ein wenig versteckt lag und wo sie hoffen konnte, allein zu sein. Als sie das frische Ziegenjoghurt und die süßen, im letzten Spätsommer eingelegten Feigen gegessen hatte, fühlte sie sich besser. Plötzlich kicherte sie vor sich hin. Sie erinnerte sich an einen Nachmittag, vor Jahren, als sie Katharina schluchzend und unglücklich gefragt hatte, was sie, Katharina mache, wenn sie verwirrt und voller widersprüchlicher Gefühle sei.

Katharina hatte sich neben sie gesetzt und eine für Tamaris verblüffend einfache Antwort gehabt: »Ich stelle mir vor, in meiner inneren Küche zu sein. Und ich sehe all die unterschiedlichen Zutaten, die ich zu einem schmackhaften Essen verarbeiten werde. Keine der Zutaten ist unwichtig, aber erst die Zeit und das Kochen werden ein Mahl daraus machen. Vor dem Kochen kann ich nicht sagen, was daraus entsteht. Und genauso gehe ich mit einer Gefühlsverwirrung um. Das ist ein Zustand vor dem Kochen, ich kann nicht sagen, wie das Essen später schmecken wird und ob ich alle Zutaten verwenden werde.«

Es stimmte. Sie konnte den ganzen Tag weiter grübeln und würde nur schlechter Laune sein. Die Erfahrungen der letzten Nacht und die damit verbundenen Gefühle würden in ihr arbeiten und eine Lösung suchen. Jetzt wollte sie ihre Aufmerksamkeit für den Unterricht behalten. Sie nahm ihr Tablett, brachte es in die Küche, wünschte Anna im Vorübergehen einen guten Morgen und verschwand im Umkleideraum des Tanzsaals.

Erst am Nachmittag begegnete Tamaris Katharina. Die ganze Gefühlspalette der frühen Morgenstunden war wieder da. Sie war unfähig, auf Katharina zuzugehen, grüßte sie von weitem und hoffte, die ältere Frau würde nicht auf sie zukommen. Es war neu, daß sie Katharina gegenüber Unsicherheit und diese wütende Distanz fühlte, und es tat weh. Sie schwankte zwischen dem Bedürfnis, zu ihr zu laufen und ihr alles zu erzählen, und diesem

neuen Wunsch des Fortstrebens. Katharina hob grüßend den Arm und nickte ihr zu. Sie spürte Tamaris' Verwirrung und ließ es, einen Augenblick zögernd, bei dieser Geste.
Abends saß sie bei Arelas auf der Terrasse und erzählte der Gefährtin von Tamaris' distanziertem Verhalten. »Ich bin mir nicht sicher«, sagte sie, »ob ich nicht einfach auf sie zugehen soll. Morgen haben wir Probe, da kommt sie ohnedies nicht dran vorbei, sonst wird es schrecklich.«
Arelas nickte und sagte bedächtig: »Vielleicht solltest du gleich einmal bei ihr vorbeischauen. Theoretisch haben wir oft darüber diskutiert, daß für jede der Zeitpunkt kommt, wo sie ganz auf sich gestellt den eigenen Weg verfolgen muß. Aber in der Praxis ist es sicher verwirrend, zu begreifen, daß es soweit ist.«
Sie lächelte Katharina zu und fuhr fort. »Vielleicht war es für uns damals einfacher. Wir hatten soviel, wogegen wir uns wehren mußten, und Mütter, von denen wir uns schrecklich mißverstanden fühlten. Ich beneide sie nicht.«
Katharina trank bedächtig einen Schluck des dunklen, schweren Rotweins, den Arelas auf den Tisch gestellt hatte, und nickte. »Und ich hatte mir nicht vorgestellt, daß es mir bei aller Einsicht weh tun würde, sie so distanziert zu spüren.«
Tamaris saß über ihrem Tagebuch, als Katharina bei ihr anklopfte. »Störe ich?« Tamaris schüttelte den Kopf, ohne aufzusehen.
Katharina trat hinter sie, legte ihr zärtlich die Hand in den Nacken und fragte: »Können wir denn nicht teilen, was dich bedrückt?«

Tamaris schüttelte erneut den Kopf, dann ließ sie ihn aufs Tagebuch sinken und begann zu weinen. »Nein, ich muß da allein durch.«

Katharina hockte sich neben sie, legte ihren Kopf an den der Tochter und sagte in einem spöttisch zärtlichen Ton; »Habe ich eine Heldin geboren?«

Tamaris schubste sie, blickte sie einen Augenblick unsicher aus verweinten Augen an und ließ ein zaghaftes Grinsen über ihr Gesicht gleiten. »Du bist schrecklich«, sagte sie ohne jede Überzeugung und schmiegte sich an Katharina.

Erleichtert erzählte sie ihr all ihre Ungereimtheiten und berichtete ihr von dem Entschluß, die Insel zu verlassen. Als Tamaris ihr von der morgendlichen Wut erzählte, lachte Katharina.

»Es wäre gar nicht so schlecht gewesen, wenn du manchmal an den Schulungen der elementaren Energien teilgenommen hättest. Es war ein überraschender Faustschlag in die Magengrube, als sie bei mir ankam, deine Wut.« Und als sie Tamaris' schuldbewußtes Gesicht sah, fügte sie tröstend hinzu: »Ich habe mich nicht geschützt, weil ich in bezug auf dich so sorglos bin.«

»Dann ist es um so schlimmer«, sagte Tamaris. Aber Katharina schüttelte den Kopf und antwortete: »Nein, meine Sorglosigkeit ist lächerlich. Weshalb solltest du, nur weil du mir zugeneigt bist, nicht von Zeit zu Zeit heftige und für mich nicht allzu schmeichelhafte Gefühle entwickeln!«

Für Tamaris war es faszinierend, daß ihre Wut, die sie als Peitschenhieb auf Katharina wahrgenommen hatte, bei ihrer Mutter körperlich angekommen war. Sie verloren sich in einen heißen Diskurs über Körper und Energien.

Sie kamen auf das Tanztheater zu sprechen, probten, wie es aussehen mußte, wenn sie die Szene des frühen Morgens darstellen wollten, und waren eben mit Begeisterung bei einem ihrer ungezählten Versuche dieser Darstellung, als Tamaris' Zimmernachbarin schüchtern anklopfte und fragte, wie lange sie gedächten, weiter zu reden und zu springen. Schuldbewußt, aber glücklich erklärten sich beide bereit, die nächtliche Ruhestörung sofort zu unterlassen.

Katharina nahm Tamaris in die Arme. »Chica, vieles von dem, was ich vor zehn Jahren gemacht habe, entlockt mir heute ein belustigtes, zärtliches Lächeln. Aber ich konnte auf keinen meiner Schritte verzichten, jeder hat mich mehr gelehrt. Es mag sein, daß du in manchen Dingen weiser bist als ich, und mir ungeduldig zusiehst, wie ich meinen Weg gehe. Selbst wenn dem so ist, es würde mir nichts nützen, ich müßte ihn gehen. Es kann aber auch sein, daß ich wirklich diese weiten Reisen zu machen habe, weil das mein Teil des Planes ist. Vielleicht werden deine Reisen ganz anders sein, mit dem Koffer in der Hand, Länder bereisend, mag sein.«

»Ich bin nicht nur deine Vertraute«, fuhr sie fort, »ich bin auch eine Fremde, genauso wie du mir unendlich vertraut bist und gleichzeitig fremd. Laß uns nicht nur die Vertrautheiten genießen, sondern auch die Fremdheiten. Du mußt nicht meinen Weg gehen, das habe ich dir immer vermittelt, und ich glaube, du wärst zu Recht empört, wenn ich anderes von dir erwarten würde. Aber genauso wirst auch du lernen müssen, die vertrauten Freundinnen ihre Wege gehen zu lassen, wenn du nicht immer wieder unter der Enttäuschung leiden willst, eines Tages Fremdheit zu entdecken. Fremdheit kann reich machen oder einsam, das liegt bei dir. Aus der vermeintlichen Vertrautheit unter Ausschluß der Fremdheit entsteht Faschismus — das ist die übergreifende Grundstruktur. Ich möchte, daß du dir das tief einprägst. Diese Art der ausschließlichen Vertrautheit, diese Art Heimatgefühl ist der Boden jedes faschistischen Regimes, jedes Fanatismus', jeder Selbstgerechtigkeit gepaart mit Unmenschlichkeit. Vergiß es nicht, wo immer du bist und was immer du tust.«

Sie lächelte Tamaris an. »Ich habe vor kurzem gerade selbst noch eine Lektion darin erhalten — manchmal ist diese Struktur in solch subtile Bereiche gewandert, daß selbst eine die so geschult ist wie ich, sie nicht gleich erkennen kann.«

Tamaris schmiegte sich an Katharina. »Ich werd' es nicht vergessen. obwohl ich es, glaube ich, noch nicht ganz begreife. Aber ich werd' mich dran erinnern, wenn ich Fremdheit als Verlust betrachte.«

Katharina küßte sie ins Haar. »Gute Nacht, Chica.«

Dann ging sie zu ihrem eigenen Haus. Sie blieb noch eine ganze Weile auf der Terrasse stehen, streckte sich in den Wind, sah aufs Meer und seufzte. »Ins Bett, müde Kriegerin, für heute ist es wirklich genug.« Sie sprach gerne mit sich selbst. Arelas und Tamaris hatten schon oft darüber gelacht und ihr vorgespielt, wie sie als alte Frau sein würde, vor sich hinplappernd und immer in Bewegung.

Aber statt ins Bett zu gehen, zog es sie zu ihrem Schreibtisch — das weiße Blatt Papier lag noch immer da, unbeschrieben wie gestern. Sie starrte es an, nahm den Stift und schrieb:

Stimmen Zauber Tanz

Ich bin eine Jägerin. Ich habe
ihre Spur aufgenommen. Meine
ganze Aufmerksamkeit gilt ihrem
Gesang. Ich folge ihrer Spur.
Ich folge ihrem Gesang.

Sie ist eine Jägerin. Sie hat
meine Spur aufgenommen. Ihre
ganze Aufmerksamkeit gilt meinem
Tanz. Sie folgt meiner Spur. Sie
folgt meinem Tanz.

Es ist keine, die ich schon
kenne. Von ihrer Gestalt
weiß ich nichts. Ihre
Stimme allein reicht zu mir.

Ich tanze. Es ist der Tanz
der Jägerin, Fängerin,
Zauberin. Ich höre ihre
Stimme. Meine Bewegungen
vertraue ich ihr an. Kein
Fehltritt. Ich bin Tanz.
Mein Körper ist mein Ohr.
Ich erhöre sie. Ich locke
sie mit den Bewegungen, die
ihre eigene Stimme hervor-
zaubert.

Ihre Stimme singt mir entgegen.
Sie ist eine Jägerin. Ihre
Rasse ist mir fremd. Ich kenne
sie. Ihre Stimme macht sie mir
vertraut.

Mein Ohr hat schon lange auf
diese Stimme gewartet.
So erwirbt eine Vertrauen.
Sie singt schon seit geraumer
Zeit.
In meine Aufmerksamkeit ist
ihre Stimme endlich
vorgedrungen. Ich bin eine
Jägerin.
Ihre Stimme hält mich gefangen.
Sie ist eine Jägerin.
Mein Tanz hat sie gebannt.
Noch ist die Jagd nicht
beendet. Sie währt viele
Zeit-Räume lang. Wenn Stimme
und Tanz einander erliegen,
werden wir ruhen. Folgen-
reiche Jägerinnen.
Ihre Stimme ist grausam. Sie will
mich. Wenn ich sie nicht ebenso
will, werde ich ihre Beute sein.
Mein Tanz ist tödlich. Ich
will sie. Wenn sie mich
nicht ebenso will, wird sie
meine Beute sein.
Wir könnten auch ablassen
voneinander — für einen
langen Zeit-Raum. Für immer
sind wir aneinander gebunden.
Es ist zu lange her.
Ich habe ihre Stimme gerufen,
mich zu jagen.

Es ist nicht rückgängig zu machen.

Sie hat meinen Tanz gewünscht, um sich in seinem Zauber zu fangen.

Wir könnten voneinander ablassen. Für einen langen Zeit-Raum. So, daß wir einander noch nicht erliegen. Es wäre eine erlaubte Pause. Aber ändern würde es nichts.

Sie hatte geschrieben, ohne nachzudenken. Jetzt las sie fast erstaunt ihren eigenen Text. Sie begriff ihn selbst nicht ganz. Wovon hatte sie geschrieben? Von einer Geliebten, einer inkarnierten Frau? Wenn ja, dann schwang noch etwas mit, was darüber hinausging. Sprach sie von ihrem Spiegelwesen in der Anderswelt? Sprach sie von der Träumerin? Oder sprach sie einfach von dem Muster, dem Plan, den sie in der Nacht getanzt hatte, als wäre das Muster eine Frau? Es würde sich herausstellen, vielleicht war es von all dem etwas, oder jede dieser Ebenen war angesprochen, oder ... Sie schüttelte sich, als wollte sie sich aus einem Zaubergarn befreien. Sie würde es irgendwann begreifen. Sie blies die Kerzen aus, tappte im Dunkeln zu ihrem Bett, zog sich aus und kroch unter die Decke. Fünf Minuten später war sie eingeschlafen.

Das weitere Frühjahr verlief mit Proben und Unterricht unter der immer heißer werdenden Sonne Siziliens. Ende Mai verließen die meisten Frauen die Insel. Die Semester waren zu Ende. Das Tanztheater hatte die letzten Proben überstanden und als Abschluß die Premiere auf der Insel gefeiert.

Am Tag vor der Abreise stand Tamaris mit einer Kiste in Katharinas Haustüre. »Kannst du sie für mich verwahren? Ich habe mein Zimmer geräumt.«
Katharina nickte und sagte ernst: »So sicher, daß du nicht hierher zurückkommen wirst?«
»Ziemlich!« Tamaris sah Katharina ins Gesicht. »Es ist nicht leicht. Aber ich spüre einfach, daß ich muß. Kannst du es verstehen?«
Katharina hielt dem forschenden Blick der jungen Frau stand und sagte: »Ich kann's verstehen. Es wird trotzdem merkwürdig sein, ohne dich wieder hierher zurückzukommen.«
Sie half Tamaris, die Kiste zu verstauen, hieß sie warten und verschwand in ihrem Arbeitsraum. Sie suchte zwischen ihren wenigen Schmuckstücken, um für Tamaris eines zu finden, das sie ihr mitgeben wollte. Sie erinnerte sich an einen Opal, den sie selbst nie getragen hatte. Sie hatte ihn vor langer Zeit in Südamerika von einer alten Indianerin in die Hand gedrückt bekommen. Wenn eine den Stein gegen das Licht hielt, war eine atemberaubend schöne Landschaft zu sehen und mitten darin, als wäre er gezeichnet, ein großer Baum.
Sie hielt den Opal in der Hand und dachte an den Tag, als er ihr geschenkt worden war. Sie hatte sich gerade leidlich von einem gefährlichen Schlangenbiß erholt. Die Indiofrauen, die sie gepflegt hatten, ließen nicht locker, sie zu einer alten Heilerin zu führen. Immer wieder erklärten sie ihr, daß sie von einer heiligen Schlange gebissen worden war, daß das ein Zeichen war und daß sie das Dorf nicht eher verlassen konnte, ohne Unglück über sich und ihre Freundin zu bringen, bevor sie nicht bei Farin gewesen war.

Schwach und ergeben war sie den weiten Weg ins Gebirge gewandert, eine schweigende Indianerin neben sich, die ihr den Weg zeigte. Bei der Hütte der Heilerin hatte sie sie allein gelassen. Ihr war nach Fortlaufen gewesen. Sie fühlte sich krank und verängstigt. Aber sie wußte auch, es gab kein Zurück. Für sie war es damals eine Frage der Höflichkeit ihren Gastgeberinnen gegenüber gewesen, dorthin zu gehen, einfach weil die hilfsbereiten Frauen es von ihr forderten. Die alte Frau war um sie herumgewandert, hatte in einer ihr unverständlichen Sprache gemurmelt, und dann, ohne sie zu fragen, blitzschnell ihr Hosenbein hochgeschoben und sich die Bißwunde angesehen. Danach hatte sie befriedigt genickt, als hätte sie etwas äußerst Angenehmes erfahren und gekichert.
Katharina hatte sich unbehaglich, fremd und bedroht gefühlt. Die Frau redete nur mit sich selbst, betrachtete sie wie einen interessanten Gegenstand und sprang mit kleinen irren Hopsern um sie herum. »Die Wölfin ruft dich!« hatte sie plötzlich im klarsten Spanisch gesagt, ihr den Opal in die Hand gegeben und mit den Armen gerudert. »Geh, schnell, geh, geh.« Sie war aufgesprungen und den Berg hinuntergejagt, als wäre eine Horde wilder Hunde hinter ihr her.
Viel später hatte sie den Stein von einer Freundin zu einem Anhänger fassen lassen. Aber so schön er auch war, sie hatte ihn nie getragen. Jetzt übergab sie ihn Tamaris. Das Mädchen jubelte bei seinem Anblick, ließ sich von Katharina das Kettchen, an dem er befestigt war, um den Hals legen, küßte sie stürmisch und stob davon.
Katharina sah ihr nach. »Für dich also war der Stein. Möge er dir Hilfe und Schutz sein in der Landschaft deines Lebens.« Sie lächelte. Hätte sie diesen Satz laut zu Tama-

ris gesagt, wäre das Mädchen unbehaglich vor ihr stehengeblieben, ein wenig peinlich berührt von der Art ihrer Mutter, und hätte sich dann davongeschlichen.
Katharina mochte die aufkeimende Tradition, einander Reisesegen zu erteilen oder vor einer Theateraufführung einen zeremoniellen Wunsch des Gelingens auszusprechen. Tamaris hatte ihr immer wieder gesagt, daß ihr diese Gesten kitschig erschienen und unzeitgemäß. Katharina hatte gelacht, und ihrer ungeduldigen Tochter erklärt, daß sie nicht darauf verzichten wollte, aber ihr gerne zu Gefallen sei und sie in ihrer Gegenwart eben lautlos sagen würde. Für Katharina waren diese Gesten keine festen Werte, auf denen sie bestehen wollte. Aber sie hatte zu lange unter dem Mangel an kulturellen Übereinkünften unter Frauen gelitten. Und diese beginnende Tradition war für sie ein Teil tastender Versuche, diesen Mangel zu beheben. Vielleicht würde Tamaris andere Gesten finden, die ihr gemäßer waren. Kein Grund für Zwistigkeiten. Es gab so viel zu erproben, auch da.
Der letzte Morgen kam. Für viele Frauen der letzte auf der Insel, bevor sie nach Hause zurückkehrten, um dort das hier Gelernte anzuwenden, zu überprüfen, ob es ihrem Alltag standhalten würde, Anregungen mitnehmend, die ihre sichtbaren Ausdrücke vielleicht erst viel später entfalten würden. Für Katharina und einige der anderen Frauen war es ein Abschied, der die Sommermonate auf dem Festland, in Deutschland, der Schweiz, Österreich und diesmal auch Amerika einläutete. Spätestens Anfang September, zu Beginn des Herbstsemesters, würden sie wieder da sein, mit demselben Schiff zurückkehren, das sie in einigen Stunden von der Insel forttragen würde.

Tamaris stand auf der Küchenterrasse bei Anna. Nachdenklich sah sie den strahlenden Himmel an, das silberblaue Meer und die im Dunst verblassende Linie des sizilianischen Festlandes.
»Ich weiß nicht, ob ich wiederkommen werde, Anna, und ich weiß nicht, was mich erwarten wird.«
Anna lachte: »Erst einmal zwei Monate Tournee quer durch Europa. Und dann«, sie legte den Arm um Tamaris' Schulter, »wird dein Weg auf dich zukommen, oder du kehrst noch einmal hierher zurück. Es ist in jedem Fall spannend, oder? Fürchtest du dich?«
»Ja und nein.« Tamaris lachte Anna an. »Aber du hast recht, erst einmal werden es zwei Monate jeden Abend Tanzen sein und immer neue Betten, und ungezählte unbekannte Gesichter.«
Anna nahm sie fest in die Arme. »Auguri, Chica, du wirst es gut machen. Alle guten Geister.«
»Tschau, Anna, und vergiß mich nicht!«
»Wie könnte ich!« erwiderte Anna mit gespielter Empörung.
Häuser wurden verschlossen, Rucksäcke gepackt, Hände geschüttelt, Küsse verteilt, Abschiedstränen geweint. Dann begann der Abstieg. Eine Stunde gewundene Pfade den Berg hinunter, zum Strand, wo die Barke wartete, die dreimal würde fahren müssen, um sie alle zu dem großen Schiff zu befördern, das sie aufs Festland bringen würde, und von dort weiter, jede ihrem nächsten Ziel zu.
Anna, Erina und Olga blieben zurück. Über die Balustrade der großen Terrasse gelehnt, sahen sie den absteigenden Frauen nach, mit den gemischten Gefühlen aus Abschiedsschmerz und der Erleichterung ob der Ruhe, die sie erwartete. Sommerzeit zum Schreiben, zum Malen,

zum Lieben, Früchte zu verarbeiten, den Garten zu betreuen und die verlassenen Häuser.
Anna streckte sich. »Kommt«, sagte sie, »ich habe für uns auf der kleinen Terrasse zum Frühstück gedeckt, in Ruhe! Madonna, was für ein Genuß.«
Tamaris stand an der Reling. Sie weinte, als die Insel im Dunst verschwand. Katharina sah es von weitem. Aber sie kehrte ihr den Rücken zu und bewachte das Theatergepäck. Es gab keinen Trost für diesen Abschiedsschmerz.

3.

Gibt es einen Grund zu tanzen?

Eines ist zu bedenken: Wenn die Welten
sich verbinden, könnte es sein, daß die
Träumerin ihre Knochen rhythmisch
schüttelt, daß hinter der scheinbaren
Unvermeidbarkeit Lichter
zu blitzen beginnen, die zum Gewand
der Regenbogenschlange gehören.

Große Göttin«, Katharina schleuderte die Schuhe von sich und warf sich aufs Bett. Die Füße taten ihr weh. Ihr ganzer Körper schmerzte von den vielen Eindrücken, die sie seit Wochen aufnahm, von dem Lärm der Städte, dem täglichen Fahren von einem Ort zum anderen. Tamaris, Arelas und ein paar andere Frauen der Truppe saßen im Nebenraum und lachten mit den Gastgeberinnen. Von Zeit zu Zeit hörte sie einen Gesprächsfetzen, aber sie verstand nichts und bemühte sich auch nicht zu verstehen. Sie war müde und wünschte sich ein paar Tage Pause. »Noch eine Woche«, sagte sie laut zu sich selbst, »noch eine Woche. Dann habe ich sieben Tage ganz für mich, bevor es wieder losgeht.« Sie stöhnte wohlig bei dem Gedanken. Dann stand sie auf und ging ins Bad, zog ihre Kleider aus und stellte sich unter die heiße Dusche. Es war angenehm, wie das Wasser den Stadtstaub abwusch, den Schweiß aus Lampenfieber und Kulissenaufbauen.

Ihr Blick fiel auf den Spiegel, der gegenüber der Dusche hing und ihr die Frau widerspiegelte, die sie war, hochgewachsen, Mitte vierzig, keineswegs schlank zu nennen, auch wenn ihre Füße und Hände den schmalen Knochenbau verrieten, der sich unter ihrer Fülle versteckte. Sie sah die Falten auf ihrem Bauch, die winzigen, feinen Falten auf Schultern und Dekolleté, die schweren dunklen Haare, die mit Strähnen von Weiß und Grau durchzogen waren, und die Ringe unter den Augen, die von ihrer Müdigkeit herrührten.

Sie starrte sich an. »Es gibt kein Happy-End, Madame«, sagte sie zu sich selbst. »Es gibt noch immer keine neue Idee, keine neue Hoffnung, kein fertiges Konzept, keine Botschaft des Heil-Werdens, das ich mitbringen könnte zu den Frauen oder mir selbst vorgaukeln. Ich bin immer noch auf der Fährte, seit Monaten, nichts anderes als Bewegung. Ich tue die Dinge, die ich tue, weil sie zu tun sind. Und doch gibt es etwas, auf das ich mich zubewege, unaufhaltsam, wie eine Schlange, die sich aufrichtet, wie eine Wölfin, die ihre Kreise unerbittlich zieht. Monat für Monat, was für eine Schwangerschaft!«
Sie drehte das Wasser ab und hüllte sich in ein angenehm großes Badetuch. An den Fingern zählte sie die Monate ab, seit sie das Muster getanzt hatte. November, dachte sie und stöhnte, neun Monate von März bis November. Sie schnitt ihrem Spiegelbild eine Grimasse. »Ungeduld ist aller Schmerzen Anfang. Halte dich fit, bleib in Bewegung und genieße die Schwangerschaft.« Sie grinste sich an.
Tamaris öffnete die Badezimmertüre. »Sprichst du schon wieder mit dir selbst?« fragte sie fröhlich.
»Ja«, sagte Katharina, »manchmal lieber als mit irgendeiner anderen.«
»Oh, entschuldige, ich wollte nicht stören.«
Katharina lachte. »Du störst nicht, ich bin schon fertig, Ich habe mir gescheite Ratschläge erteilt. Jetzt muß ich sie nur noch befolgen.«
Tamaris schüttelte den Kopf und grinste Katharina an. »Du bist mit Abstand die unmöglichste Mutter der Welt.«
»Danke schön«, sagte Katharina, »das nehm' ich als Kompliment mit ins Bett. Ich bin hundemüde.«

Sie kroch unter die Bettdecke und war Minuten später fest eingeschlafen. Mitten in der Nacht erwachte sie mit dem Gefühl beobachtet zu werden. *Hegamath stand vor ihr. Der Raum war achteckig und sanft beleuchtet. »Guten Abend, Katharina«, Hegamath lächelte sie an. »Wir wollten dir etwas zeigen, das dir vielleicht helfen kann.«*
Sie drehte langsam ihren Körper, und Katharina folgte ihr mit den Augen, In jeder der acht Ecken stand eine Frau und hinter dieser weitere sieben. »Vierundsechzig, stimmt, nicht?«
Katharina nickte. Die Frauen waren in unterschiedlichste Gewänder gekleidet, ungeheuer reich, oder in Fetzen. Ihre Gesichter waren schön und abstoßend häßlich. Jede schien der anderen gleich und dennoch von solcher Unterschiedlichkeit, daß Katharina einen Augenblick die Augen schließen mußte. Hegamath lachte. Ihr Lachen war weich und zärtlich. Aber Katharina spürte, wie ihr die Haare im Nacken zu Berge standen. Sie hörte die tödliche Schärfe darin. Als Katharina die Augen wieder öffnete, stand Hegamath ganz in Kupfer gekleidet vor ihr, ihr Haar kupfern, ihre Haut. Sie schnalzte mit der Zunge und gurrte, wiegte sich in den Hüften, langsam und wollüstig. Nichts war zu hören außer Hegamaths Gurren und dem leisen Rascheln ihres kupfernen Gewandes, wenn sie sich wiegte.
Katharina stand starr. Dann durchbrach ein wilder Schrei die Stille. »Thyrr!« Das R rollte an den Wänden entlang, brach sich in den acht Ecken, flog als Echo zur Mitte zurück. »Thyrr!« Es klang wir Tür, wie Tier. Und wieder der Schrei: »Thyrr!« Die vierundsechzig begannen sich zu bewegen, springend, tanzend, kriechend, sich drehend, sich wiegend. Katharina stand starr. Ihr Atem ging rasch, in ihr wuchs Erregung, stieg und stieg, schien sie zu zerreißen.

»Tanze, Frau, tanze um deine Lebendigkeit. Willst du wahnsinnig werden?«
Hegamath hatte sie angeschrien. Katharina erwachte aus der Erstarrung. Sie keuchte und duckte sich, hielt inne, bis die Erregung sie hochschnellen ließ in einen Sprung. Sie drehte sich in der Luft, kam auf die Füße, federte nach, ging in die Knie und sprang erneut. Sie berührte den Boden, wirbelte um die eigene Achse, sah die anderen Frauen, Masken, Fratzen, Ebenmäßigkeit, Schielende, solche, denen die Zunge heraushing, solche, die wie indische Tempeltänzerinnen aussahen. Sie tanzte sich in sie hinein und aus ihnen heraus, jede der vierundsechzig tanzte sie, verwandelte sich, war sie, schritt, taumelte, zitterte, wirbelte, jagte sich selbst im Tanz, war Schwerttänzerin und zerlumpte Schamanin.

In grüne Seide ist Artemis gekleidet.
Bergend und warm ist ihre Haut.
Der Köcher für ihre Pfeile ist aus Amyrisgras geflochten.
Trunken bist du von ihren Lippen,
denen der bittere Duft von Wermut entsteigt.
Schierlingssaft trinkst du von ihren Brüsten.
Würzige Nahrung der Träumerin.
Beifuß legt sie in die Höhlen deines Leibes,
und Estragon streut sie dir ins Gedärm.
Aus dem Geruch deiner Säfte
schmiedet sie ihre Waffen.
Dein Haar trägt sie an ihrem Gürtel.
Du spielst mit deinem Leben.
während sie lacht.

Woher kamen die Worte? Katharina blieb keine Zeit, darüber nachzudenken. Sie tanzte.

»In der Mitte müssen Licht und Feuer sich treffen.« Der Satz schwang in ihr. Sie tanzte. Sie humpelte, bewegte ihre Glieder, als wären sie ausgerenkt, dann wieder sprang sie behende und graziös, drehte sich, fiel, kroch, kam stampfend auf die Füße. Gleichzeitig stand sie still. Dynamisches Stillestehen. Die Lust in ihrem Körper, der Tanz, der sie war, breitete sich aus, sprühte aus ihrem Körper in allen Farben des Regenbogens. Sie lag in ihrem Bett und atmete ruhig und gleichmäßig. *»Hegamath, Hegamath«, flüsterte sie und fiel erschöpft in die kupfernen Arme.*

»Gut getanzt, Wolfstänzerin, gut getanzt, auf allen Ebenen.« Hegamath hielt sie. »Hast du endlich begriffen? Das ist die Kraft, die löst und bindet. Löst und bindet, löst und bindet.«

Hegamaths Worte wurden zu einem Singsang, der sich allmählich entfernte. »Löst und bindet.«

Sie schlug die Augen auf. Es war tiefe Nacht. »Löst und bindet.« Die Worte verhallten in ihrem Körper. Sie fiel zurück in einen tiefen, traumlosen Schlaf.

Am Morgen im Bad sang sie vergnügt: »Löst und bindet, löst und bindet.« Tamaris und Arelas, die ebenfalls im Raum waren, sahen sie erstaunt an.

»Du bist gut drauf, was?« fragte Tamaris.

»Ja«, Katharina drehte sich nach ihr um. »Ich habe meine Lebenslust wieder. Grundlos, und tiefgründig.«

»Wie kommt's?« fragte Arelas.

»Ich habe getanzt, und ich habe begriffen.« Katharina zog sie an sich und küßte sie ins Haar. Leichtfüßig verließ sie das Bad.

Tamaris und Arelas sahen einander kopfschüttelnd an. »Na, wir werden ja sehen, was das bedeutet«, sagte Tamaris. »Wo tanzen wir heute die ›Roten Schuhe‹?«

»In Köln«, sagte Arelas.
»Ich erinnere mich an den Dom dort«, sagte Tamaris, »und daß Katharina mir erzählte, Dämoninnen wohnen unter dem riesigen Steinhaufen, deren Stimmen die Domkapitel gehört haben, als sie die Kirche eingeweiht haben.«
»Ja«, Arelas nickte geistesabwesend. »Die Verteilerinnen des Schicksals, so heißen sie nämlich wirklich, wenn eine das Griechisch richtig übersetzt. Damals haben sie gesagt, daß sie wiederkehren würden.«
»Legendenweberinnen, die Nornen, so wissen sie heute noch,
die Menschen, weben das Schicksal noch immer.
Noch immer.
Und geschieht, was sie weben?
Es geschieht, was sie weben.
Haben die Nornen die Fäden so lange gewebt?
Legendenweberinnen, sie haben die Fäden so lange gewebt.«
Tamaris grinste Arelas an.
»Woher hast du das?« fragte Arelas.
»Aus einer Geschichte, die Olga im Winter erzählte.« Tamaris hielt einen Augenblick inne und sah Arelas forschend an. »Komm, das Schicksal wartet, weben wir mit.«

Tamaris saß in ihrer Garderobe. Sie starrte in ihr Spiegelbild. Den ganzen Nachmittag über war sie so aufgeregt gewesen, als wäre es ihr erster öffentlicher Auftritt. Jetzt, nachdem sie getanzt hatte, war sie nur verblüfft. Sie hatte die roten Schuhe noch an, blickte auf ihre Füße hinunter, bewegte die Zehen darin. »So hab' ich noch nie getanzt«,

dachte sie. Es war ihr, als hätte sie zum ersten Mal begriffen, was sie da tanzte. Die roten Schuhe waren ihr von den alten Frauen überreicht worden, ein Festtag, eine Prüfung. Der Tanz in den Tod, in die Verwandlung, in die Sinnhaftigkeit, die sie mit ihrer ersten Menstruation neu entdecken sollte. Ein Mädchen, das zur Frau geworden war und den Frauen zeigte, daß sie in der Lage war, den Tanz zwischen den Welten zu tanzen, zu sterben und zu leben gleichzeitig, auf der Seite der Todin zu leben und auf der Seite des Lebens zu tanzen, bewegt zu sein, lebendig. Angefeuert von den Alten trieb sie sich in diese Erfahrung mit den roten Schuhen, bis sie sehen konnte, was sie bis dahin nicht hatte sehen können, spüren, was ihr bis dahin verschlossen gewesen war, ausdrücken, was ihr bis zu diesem Zeitpunkt schlafend im Körper geruht hatte.
Mitten im Tanz hatte sie denken müssen, daß jetzt ihr eigener, unverwechselbarer Weg begonnen hatte. Sie hatte ihn sich frei getanzt. Sie schminkte sich ab. Sie dachte an den eben vergangenen Nachmittag, als sie mit Katharina in die Krypta des Domes hinuntergestiegen war. Sie waren beide eine Weile schweigend dagestanden, als lauschten sie einer Kraft, die unter dem Dom gebannt war.
Nach einer Weile hatte Katharina sich ihr zugewandt und geflüstert: »Sie sind ganz schön in Bewegung, findest du nicht?«
Tamaris hatte nur nicken können. Sie fühlte sich von einer starken Kraft berührt, ihr tief verwandt und doch fremd. »Verteilerinnen des Schicksals, ich webe mit euch«, hatte sie denken müssen, immer wieder. Und danach war dies Gefühl nicht von ihr gewichen, diese Wahrnehmung, eine Verbindung aufgenommen zu ha-

ben, die ihr Kraft gab, ein Pulsieren, das in ihr gewachsen war, bis zum Abend, und das ihr erlaubt hatte, so zu tanzen, als habe sie vorher nie wirklich getanzt.

Katharina, Arelas und Fanny betraten ihre Garderobe. Katharina nahm sie in die Arme und sagte glücklich: »Du hast wundervoll getanzt.« Tamaris sah sie an. Sie brauchte keine Worte, sie hatte keine Worte.

»Es gibt noch einen kleinen Empfang bei Ginger. Kommst du mit?« Arelas zupfte sie zärtlich an den Haaren. »Komm, Chica. das wird dir sicher guttun. Morgen haben wir keine Vorstellung. Da können wir alle ausschlafen.«

Auf dem Fest traf Tamaris eine junge Frau, die ihr begeistert von ihrer Fotoausbildung in München erzählte. Sie hörte ihr lange zu. Dorthin wollte sie. Bilder machen, mit anderen Augen sehen als bisher. In München würde sie auch sicher Lehrerinnen finden, bei denen sie weiter tanzen lernen konnte und ihre Stimme schulen. Spät nachts, als sie endlich im Bett lag, dachte sie noch: »Ich muß mit Katharina sprechen. Jetzt weiß ich meinen Weg.« Glücklich und erfüllt von Neugierde und einer ruhigen Kraft schlief sie ein.

Am nächsten Tag frühstückten sie lange und ausgiebig mit Ginger, einer langjährigen Geliebten und Freundin von Arelas und Katharina, bei der sie wohnten. Die Frauen waren alle entspannt und räkelten sich genüßlich. Heute gab es keine Hetze, keinen Bühnenaufbau, keine Vorstellung.

Tamaris erzählte von ihrem Entschluß. Katharina und Arelas, die sie beide gut kannten, waren ein wenig erstaunt, daß sie die Fotografie wählen wollte. Aber es gab nichts dagegen zu sagen. Wenn das Tamaris' nächster

Schritt war, war es in Ordnung. Ginger, die von Zeit zu Zeit »realistische« Anfälle hatte, erhob als einzige Einwände. Fotografie war ein harter und brotloser Job. Tamaris habe nicht die Ellbogen, die jemand brauchte, um darin erfolgreich zu sein, befand sie.
Aber nach und nach verstummte auch sie, lachte über sich selbst, während sie in die erheiterten Gesichter der Frauen rund um sich blickte. »Ist ja schon gut. Sie wird es lernen, und wer weiß, was daraus wird.« Sie winkte ab. Arelas erbot sich, mit Tamaris in der kommenden freien Woche nach München zu fahren, um mit ihr zusammen nach einer Möglichkeit Ausschau zu halten, wo sie wohnen konnte, wenn die Tournee vorbei war, und ihr beim Anmelden in der Fotoschule behilflich zu sein. Katharina wollte in die Alpen, Kräuter sammeln und in Ruhe wandern. Fanny würde zu einer Freundin fahren, auf die sie sich freute und die sie lange nicht gesehen hatte. Und auch die anderen Frauen der Truppe hatten ihre Pläne für die freie Woche. Sie sprachen bis in den späten Nachmittag vom gestrigen Auftritt und von der Vorfreude auf die Woche, in der sie sich in alle Winde verstreuten.

Katharina verließ erleichtert den Zug. Sie fuhr ungerne mit öffentlichen Verkehrsmitteln. Die Gerüche der meisten Menschen waren alles andere als angenehm, Streßschweiß gepaart mit Deodorants, Angstausdünstungen gemischt mit künstlichen Düften. Ihre empfindliche Nase verabscheute diese Barbareien. Der Bahnhof sah aus wir vor 15 Jahren. Sie erkannte alles wieder. Den Lebensmittelladen, das kleine Restaurant, die düstere Schusterwerkstatt, die Rosenstöcke vor dem Gemeindehaus. Sie schulterte den Rucksack, den sie sich ausgeliehen hatte, um den dreistündigen Aufstieg so bequem wie möglich hinter sich zu bringen. Als Tamaris im Krabbelalter gewesen war, hatte sie zum letzten Mal einen Besuch auf dem Bergbauernhof in den Tiroler Alpen gemacht. Jetzt würde sie eine ganze Woche für sich allein dort oben haben.

Außerhalb der Ortschaft war die Straße neu angelegt, und sie mußte fragen, wo der Wanderweg auf den Penningberg entlangführte. Nach einer Weile war ihr der Weg wieder vertraut. Die sommerliche Nachmittagssonne brannte und brachte sie ins Schwitzen. Sie strich sich die feuchten Haare aus der Stirn, hielt einen Augenblick an und ging dann in einem stetig gleichbleibenden Tempo weiter. Nicht zu schnell und nicht zu langsam, ohne stehenzubleiben eine Stunde den Berg hinauf. Dann machte sie Rast. Das Körpergefühl war so anders als bei den Aufstiegen zum Bergnest auf der Insel. Dort war es nicht möglich, in dieser stetigen, beharrlichen Weise zu gehen. Die Steintreppen waren unterschiedlich hoch und unterschiedlich breit, das ergab einen Gang, bei dem eine sich ständig neu anpassen mußte. Hier war es ein gleichbleibender Rhythmus, einen Fuß vor den anderen setzen, höher hinauf, höher hinauf.

Sie saß auf einer der Milchbänke, die hin und wieder am Weg standen. Die Kannen von den vereinzelt liegenden Höfen wurden dort morgens abgestellt und vom Milchwagen geleert. Die Bank war hoch. Sie ließ die Beine baumeln wie ein Kind. Hier oben war es schon still. Sie hatte die Sommerfrischler-Apartmenthäuser und die Bauernhöfe mit den Schildern »Ferien auf dem Bauernhof« bereits hinter sich gelassen. Am liebsten hätte sie hier auf der Bank ein wenig geschlafen, aber andererseits war der Nachmittag schon reichlich fortgeschritten, und sie wollte nicht erst abends auf dem Hof ankommen. Sie seufzte wohlig und machte sich wieder auf den Weg. Einen Schritt vor den anderen, höher hinauf, höher hinauf.

Sie fand die kleine Holzbrücke, an der der Weg zum Haus abbog, den Hohlweg hinauf, um die Kurve, die weiten Almwiesen vor sich und das uralte Holzhaus. Sie blieb einen Augenblick stehen und sog das Bild in sich auf. Auf der Wiese vor dem Haus waren einige alte Apfelbäume umgesägt und neue, noch an Stöcken aufgebundene junge Obstbäume waren an ihre Stelle getreten. Sonst sah alles so aus, wie sie es in Erinnerung hatte. Die Himbeersträucher links und rechts vom Weg hingen voller Früchte, und sie versprach sich, am nächsten Tag pflücken zu gehen. Jetzt wollte sie nur noch ankommen, die Beine ausstrecken auf der Bank vor dem Haus sitzen und die letzten Sonnenstrahlen genießen, bevor sie hinter den Gipfeln verschwanden.

In der Küche lag ein Zettel auf dem Tisch. »Herzlich willkommen, Sophie und Mathias«, stand da, und daneben fand sie eine Kanne mit Milch, eine Schale mit Moosbeeren, ein Töpfchen Zucker und einen vollen Krug mit selbstangesetzter Holunderlimonade. Sie packte das frisch gekaufte Brot aus, schnitt sich ein paar Scheiben ab, nahm die Milch und die Beeren mit nach draußen und ließ sich genüßlich auf der Bank vor dem Haus nieder. Sie zog die Wanderschuhe aus, die Socken, reckte die Zehen in die warme Luft. Sie trank die Milch und aß die gezuckerten Beeren und das Brot dazu, während sie die angenehme Müdigkeit in ihrem Körper und die untergehende Sonne genoß.

Flüchtig dachte sie an Arelas, die traurig gewesen war, als sie von ihren Plänen erzählt hatte. Sie hatte sich gewünscht, mit Katharina Museen zu besuchen, alte Freundinnen, Stadtluft zu schnuppern, Ausstellungen zu sehen, all das, was sie manchmal in der Abgeschiedenheit der Insel vermißte. Einen Augenblick hatte Katharina überlegen müssen. Eine Woche ohne jeden Terminzwang einfach mit Arelas zu verbringen war verlockend. Dann mußte sie lachen. Arelas würde jede Matinee, jedes Museum, jede Ausstellung besuchen wollen, die Ateliers von Freundinnen, und was es sonst noch alles Anregendes geben würde. Nein, sie waren in mancher Hinsicht viel zu unterschiedlich, als daß es diese Woche miteinander hätte geben können. Ein andermal, es gab solche und solche Zeiten. Arelas war also mit Tamaris nach München gefahren und sie hierher. Langsam wurde es dunkler. Katharina saß regungslos. Gedanken kamen und gingen. Sie dachte nichts. Ein leichter Wind ließ sie ins Haus gehen um eine Jacke zu holen. Dann setzte sie sich wieder und blieb lange so, gedankenlos, ruhig, als triebe sie mit den Sternen, die hell über ihr leuchteten. Irgendwann schrie eine Eule, und nach einer Weile röhrten unsichtbare Hirsche. Sie griff neben sich, ins Leere. Sie lachte leise. Wo war sie nur gewesen? Die Zeit, in der sie ihre Hündin daran hindern mußte, auf die Jagd zu gehen, war lange vorbei. Das Hügelgrab, unter dem sie beerdigt lag, war sicher längst umgepflügt und wieder ein Acker geworden. Hier hatten sie oft so gesessen, Gefährtinnen, nebeneinander, Katharina auf der Bank und die Hündin darunter. Ob sie jetzt mit der Percht jagte, der wilden Jägerin des Alpenlandes? Sie hatte lange nicht mehr an das schöne, große Tier gedacht, das sie mehr als ein Jahrzehnt begleitet hat-

te. Damals hatte es noch keine Schule gegeben, keinen Winter auf der Insel, keine Tourneen.
Sie starrte vor sich hin. Und jetzt? Jetzt gab es das alles. Aber sie selbst war im vergangenen Frühjahr immer mehr davon abgerückt, unmerklich, unerklärlich. Es gab keine neue Idee, kein neues Konzept, das ihr mehr Leidenschaft abverlangte als die Insel und die Schule. Aber hier, auf dieser alten Holzbank begriff sie, daß es einen Abschied geben würde. Sie schüttelte den Kopf. Wie merkwürdig, keinen Augenblick während des Frühjahrs hatte sie daran gedacht, die Insel zu verlassen, von der Schule fortzugehen. Nicht ein einziges Mal war ihr die Idee gekommen, daß ihr Weg nicht zurück auf die Insel führen könnte. Sie dachte an Tamaris, die so sicher gewesen war, die ihre Koffer gepackt hatte und wußte, daß sie fortgehen würde. Für sie selbst war dieser Gedanke neu und schwindelerregend.
Sie saß lange, atmete die Erkenntnis des Abschieds, ließ sich gleiten. Sie hatte keine Bilder, nicht die Insel tauchte auf oder die Frauen. In ihrem Körper sang das Muster, in dem die Wichtigkeiten der letzten Jahre verklangen, sich von ihr lösten und sich entfernten und aus denen sie befreit und nackt hervortrat, ohne zu wissen wohin.
Am nächsten Morgen kamen Sophie und Mathias zu Besuch, das Bergbauernpaar, dem der Hof gehörte, den sie lange Jahre gemietet hatte, bevor sie zu ihren weiten Reisen angetreten war und dann für viele Jahre an anderen Orten gelebt hatte. Sie begrüßten einander voll Freude, lachten über die Falten, die sie alle drei im Laufe der Jahre gesammelt hatten, und die beiden erzählten vom Fortgang des Lebens hier, seit Katharina nicht mehr dagewesen war.

Nachdem sie gemeinsam gevespert hatten und die ersten wichtigen Nachrichten ausgetauscht waren, zogen die beiden wieder fort. Sie stand in der Haustüre und winkte ihnen nach. Es war Heuernte, und die Bäuerin und der Bauer hatten wenig Zeit, um müßig bei ihr zu sitzen. Nachmittags würde sie sich auf den Weg machen und ihnen helfen. Jetzt wollte sie alleine ein Stück wandern, zu den Kräutern gehen und nachsehen, ob sie alle noch dort standen, wo sie auch vor 15 Jahren gewachsen waren. Sie traf sie alle, Silbermantel und Arnika, die bittere Kreuzblume, die wilden Bergstiefmütterchen, Quendel und Bergmelisse. Sie wanderte bis zu dem kleinen, tief dunkelblauen Bergsee, über dem die Libellen tanzten, und legte sich am Ufer in die Gräser. Sie lag zwischen Träumen und Wachen.

Tage waren an einer silbernen Schnur aufgereiht, die sie durch die Finger gleiten ließ und in den See senkte. Der Andreas-Graben hatte begonnen, sich zu verschieben, San Franzisko war im Meer versunken und mit der riesigen Stadt ein großer Teil der kalifornischen Küste. Der Ätna spuckte Asche und Rauch, und in Sibirien brodelte die Erde nach vielen Beben. Unter ihr zitterte die Erde in einem zornigen Schrei. Aus dem Bergsee sprang mit einer riesigen Fontäne kalten Wassers die Wölfin. Sie aber blieb ruhig liegen, ließ die silbernen Tagesperlen durch die Finger gleiten und senkte sie in den See. Springfluten rissen Dämme nieder und legten ganze Länder unter Wasser.
Atomkraftwerke barsten und verwüsteten Hunderte von Kilometer Land. Verbrannte Erde, schreiende Menschen, Maschinengewehre auf sich gerichtet, die sie daran hinderten zu entfliehen. Sie lag und ließ die silbernen Perlen, die Tage waren, durch die Finger gleiten und senkte sie in den

See. Die Wölfin heulte, und Sturm peitschte die Bäume, das granitene Alter der Berge setzte sich in Bewegung, und noch immer lag sie ruhig und senkte die silbernen Perlen unendlicher Tage in den See. Sie atmete mit der Erde. Geburt, Tod, Lieben, alles war eins.
Ein Schlag gegen die Schulter. Ein Baum war geborsten und auf sie gestürzt, hatte sie unter sich begraben, der Berg bewegte sich, sie stürzten, zerschmetterter Baum, zerschmetterter Körper. Noch immer lag sie ruhig und hielt die Schnur aus silbernen Tagen in den Händen, sie glitten durch ihre Finger in den See.
Ein Mann im weißen Kittel stand vor ihr und schrie: »Kämpfe, los, kämpfe.«
Aber sie lachte nur in ihrem zerschmetterten Körper, lachte, bis er floh. »Ich bin Kampf!« schrie sie hinter ihm her, verfolgte ihn. »Ich bin Kampf!« schrie sie und folgte ihm in ein Gebäude, wo viele Männer in weißen Kitteln verzweifelt versuchten, die Bakterien, die sie zur chemischen Kriegführung entworfen hatten in ihren Behältern zu halten, damit sie sie nicht selbst angreifen konnten.
»Ich bin Kampf!« heulte sie und sprang mitten hinein.
Entsetzt versuchten die Männer zu fliehen, aber sie fielen über die Gläser und verseuchten sich selbst. Sie stand ganz ruhig, die silberne Schnur mit den ungezählten Tagen noch immer zwischen den Fingern.
»Tölpel, ihr gottverdammten Tölpel. Habt ihr wirklich so getan, als wüßtet ihr nicht? Habt ihr wirklich geglaubt, ihr könntet SIE umbringen, die euch hervorgebracht hat? Ihr läppischen Idioten!« Sie schlang die silbernen Tage um das Gebäude und zog zu.
»Kali tanzt«, sagte sie. »Ihr hättet es an eurer eigenen erbärmlichen Lebensangst merken können.«

Sie fror, obwohl die Sonne hoch am Himmel stand. Benommen setzte sie sich auf. Sie schüttelte sich und sah auf ihre Hände hinab. Sie lagen trügerisch ruhig neben ihrem Körper im Gras. Die Gipfel ragten auf, wie sie seit unendlichen Zeiten aufragten, der See war ohne jede Welle. Eine Hirschkuh stand nicht weit entfernt, beäugte sie und sprang dann unvermittelt davon. Sie setzte sich auf die Fersen, barg den Kopf auf den Knien und schaukelte eine Weile hin und her, bis sie sich wärmer fühlte und weniger entsetzt. Dann stand sie auf und machte sich auf den Heimweg.

»Denk nicht drüber nach«, mahnte sie sich laut. Sie begann den Satz vor sich hinzusagen. »Denk nicht drüber nach, denk nicht drüber nach, denk nicht drüber nach.« Sie verfiel in einen Laufschritt und sang den Satz. nach einer Weile begann sie zu springen, wie Kinder es tun, sie sang weiter: »Denk nicht drüber nach, denk nicht drüber nach.« Als sie beim Haus ankam, war der Satz zu einem fröhlichen Lied geworden.

Am Nachmittag ging sie zur Heuernte bei Sophie und Mathias. Und auch die nächsten Tage half sie auf dem Hof der beiden, aß dort, was die jüngste Tochter kochte, blieb, bis der Abend kam, und ging im Dunkeln die zwanzig Minuten bis zu ihrem Haus. Sie wusch sich und war zu müde, um etwas anderes zu tun, als ruhig und traumlos zu schlafen.

Im Zug zurück nach Köln wußte sie mit Gewißheit, daß die Zeit der Schule für sie vorüber war. Im Fenster spiegelte sich ihr Gesicht. Es zeigte die Bräune von einer, die im Gebirge gewesen war. Sie nahm ihr Strickzeug aus der Tasche und begann zu stricken. Von Zeit zu Zeit warf sie einen Blick auf die Menschen im Abteil. »Denk nicht drüber nach«, hörte sie in ihrem Kopf, während ihr Blick lächelnd auf einer jungen Frau mit einem Baby im Arm verweilte.

Arelas und Fanny waren entsetzt, als Katharina ihnen erzählte, daß sie die Schule verlassen würde. Während sie versuchte, den beiden Frauen verständlich zu machen, wodurch sie gespürt hatte, daß sie andere Wege gehen würde, wurde ihr selbst klar, daß sie das Haus auf der Insel behalten würde, um zurückzukehren. Das weiße Haus zwischen den roten Felsen würde ein Ruhepunkt sein auf ihren Straßen. »Solange es noch Häuser gibt«, sagte sie freundlich.

II

Tamaris und Barbara

Zeit-Räume

Reisen und Teilen

Island

4.

Gibt es einen Grund zu leben?

Keine fragt nach dem Grund.
Die Unvorhersehbarkeit schenkt ihr
die Sinne. Wenn die Wölfin tanzt
und die Träumerin träumt, steigt
die Dämmerung in den sichtbaren Tag.

Im 13. Drachenjahr
4. Aranat-Tag der 4. Monade

»Sei gegrüßt, Tam! Ich hoffe, daß eines der Zeitschiffe eine Frequenz frei hat, um dir meine Botschaft zu übermitteln. Ich komme aus einem Zeit-Raum, der dir noch nicht geläufig ist. Wenn du deine Gehirnströme auf Traumphase schaltest, werden es die Zeitschiffe leichter mit der Übertragung haben.
Ich bin übrigens du in einer anderen Zeit — bei dir heißt sie Zukunft. Ganz stimmt das natürlich nicht. Ich könnte auch sagen, ich bin die Summe deiner Ahninnen und deiner zukünftigen Erfahrungen. Oder du bist ein Teil von UNS, oder WIR setzen uns unter anderem auch aus deiner ›Lebensspanne‹ von 1972 bis (die Ahninnen sagen, daß ich dir dein Jahr der Dematerialisation nicht nennen soll, weil du darüber erschrecken könntest?! — wie merkwürdig!), also bis... zusammen. Aber das ist natürlich nicht das Wichtige an meiner Botschaft. Ich mache nur gerne kleine Exkurse in Zeit-und-Raum-Gestaltung, weil ich immer so erstaunt bin, daß in deiner Zeit-Raum-Achse alles so eindimensional erscheint.
WIR haben eine Anfrage an dich. Könntest du dich bereit erklären, die Wolfstänzerin in dir zu aktivieren? Leider sind in deiner Zeit-Raum-Achse sehr wenige von ihnen aktiv. Die Ahninnen haben mir immer wieder erklärt, warum, aber ich verstehe es nicht so recht. Der Rat, oder

die Ahninnen (ein Wort, das dir besser zu gefallen scheint), wünschen sich eine ganze Anzahl aktivierter Wolfstänzerinnen, die ein Bewußt-Sein der gesamten Zeit-Raum-Gestaltung in ihren inkarnierten Körpern haben. Die Ahninnen sagen, dies wäre notwendig in eurer Zeit-Raum-Achse, damit die Intervallkaskaden, die die Tore zwischen den Wirklichkeiten sind, nicht von eurer Zeit-Raum-Achse zerstört werden. Es muß bei euch einen Haufen bewußtloser Dummköpfe geben, die sich gegenseitig die feinen Schwingungsfelder zerstören und mit mörderischem Spielzeug, das sie Waffen nennen, herumfuchteln.
Außerdem behaupten die Ahninnen, diese Dummköpfe würden versuchen, die inaktivierten Wolfstänzerinnen zu domestizieren und in ihre Dienste zu stellen — und bei vielen gelänge diese Amputation auch. Das begreife ich natürlich überhaupt nicht — ja es übersteigt mein Vorstellungsvermögen vollständig. Wenn es nicht mehr so schwierig sein wird, mit dir zu korrespondieren, würde ich gerne mehr von dir über die Ungeheuerlichkeit erfahren.
Überlege dir bitte, ob du unsere Anfrage positiv beantworten kannst. Für eine Botschaft hierher nimmst du am besten den Kanal eines Isisschiffes und die Mensfrequenz. Alphafrequenzen sind aus eurer Zeit-Raum-Achse von sogenannten ›spirituellen‹ Verkörperungen zu einem heillosen Wellensalat verzerrt worden.
Schade, daß du so ungeübt bist, sonst könnten wir noch eine Weile in Verbindung bleiben. Ich weiß, daß die Ahninnen es nicht allzugerne sehen, wenn die noch unverzerrten Kanäle zu lange belegt sind, aber ich bin wirklich sehr wißbegierig in galaktischer und interzeiträumli-

cher Geschichte, und ich wüßte gern mehr über die offensichtlich sehr wirre und törichte Zeit-Raum-Achse, in der du dich inkarniert hast.
Vergiß nicht, über die Anfrage nachzudenken und dich zu entscheiden. Mögen sich unsere Schwingungsfelder mit der gewaltigen Sanftmut der Himmelsreiterinnen durchdringen. Artemisia von den Kore-Inseln.
Die Ahninnen in UNS lachen. Bei UNS gibt es keine Namen. Aber ich wollte mir gerne einen ausdenken, mit dem du mich benennen kannst und der meinem Schwingungsfeld nahekommt.«

Tamaris wurde vom Schrillen des Telefons aus ihrem Traum gerissen. Schlaftrunken tastete sie nach dem Hörer und meldete sich. Am anderen Ende war Nele, eine ihrer Freundinnen, und sprudelte los. Tamaris verstand, verschlafen wie sie war, nur wenig von dem, was sie sagte.
»Warte, ich bin gerade erst aufgewacht. Fang noch einmal von vorne an«, sagte sie und versuchte sich zu konzentrieren.
»Also«, sagte Nele, »hör gut zu. Gerade hat Barbara S. angerufen, du weißt schon, die tolle Fotografin aus Zürich, bei der ich ein halbes Jahr praktiziert habe. Sie hat einen Auftrag, für ein Reisejournal Landschaftsfotos von Island zu machen. Alles muß, wie immer, bereits gestern abgeliefert sein, und sie hat mich gefragt, ob ich mitkommen möchte, weil sie es in der kurzen Zeit allein nicht schaffen kann. Ich kann aber nicht, hab' selber einen Termin, und so hab' ich dich vorgeschlagen. Sie war natürlich erst mal skeptisch, kennt dich ja nicht — hat dann aber gesagt, du sollst ihr noch heute per Eilboten ein paar Schwarzweißfotos schicken, und sie würde es sich dann

überlegen. Ihr müßtet Samstag fliegen, und sie meint, daß ihr mindestens drei Wochen braucht.«
Nele verstummte erwartungsvoll. Tamaris war mittlerweile hellwach. »Was für ein Tag ist heute?« fragte sie.
»Dienstag«, sagte Nele. »Kannst du? Willst du? Es ist eine einmalige Chance!«
Tamaris lachte ins Telefon. »Das brauchst du mir nicht zu sagen. Mit Barbara S. einen Auftrag zu haben öffnet Türen, die wir uns nicht träumen lassen.« Kurz kam ihr, als sie »träumen« sagte, das Wort »Mensfrequenz« in den Sinn, dann war sie wieder bei dem eben Gehörten. »Na klar will ich, na klar schick' ich ihr die Fotos. Du bist ein Schatz, daß du an mich gedacht hast«
»Es ist ihre Arbeit, von der ich überzeugt bin, meine Liebe.«
Tamaris lachte. Nele hatte einen ihrer Lehrer nachgemacht, bei dem sie gemeinsam an der Fotoschule gelernt hatten. »Ich hol' mir nur schnell einen Stift, dann mußt du mir Barbaras Adresse geben.« Sie sprang aus dem Bett, kam mit Papier und Stift zurück und sagte: »Also los.«
Nele gab ihr die Adresse, wünschte ihr viel Glück und legte auf.
Tamaris starrte den Zettel an. Mit Barbara S. zusammen zu arbeiten war für eine Fotografin — noch dazu für eine Anfängerin im Geschäft, wie sie es war — etwas, an das sie in ihren kühnsten Träumen nicht gedacht hatte. Mit hochgezogenen Beinen, die Arme um die Knie gelegt, saß sie ein wenig fröstelnd auf ihrem Bett und starrte den Zettel an. »Mensfrequenz«, wieder kam ihr das Wort in den Sinn. Sie runzelte die Stirn. Richtig, sie war mitten in einem Traum gewesen, als das Telefon schellte. Und das Wort kam aus diesem Traum. »Wecker und Telefone«, sie

seufzte, »ihr Feinde jeden Traums«. Sie hangelte sich zu ihrem Traumheft vor, legte sich auf den Bauch und kaute auf dem Stift herum.

»Mensfrequenz«, schrieb sie. Daran konnte sie sich immerhin erinnern. Und dann kam langsam noch ein Bruchstück. Eine Frau, oder jedenfalls ein Wesen, nebelhaft und sehr fern, hatte ihr eine silberne Schnur zugeworfen. Auf Tamaris' Seite waren aus dem Schnurende kleine Sprechblasen aufgestiegen. Sie kicherte in Erinnerung an dieses Bild. Aber sie konnte nicht sehen, was in den Sprechblasen gewesen war. Sie erinnerte sich genau, daß dort Bilder und Worte aufgestiegen waren. Im Traum war alles klar gewesen, das wußte sie noch. Aber jetzt konnte sie keine der Sprechblasen sehen. Sie schloß die Augen. Nichts. Nun gut. Sie hatte jetzt keine Zeit, weiter über ihren Traum nachzudenken. Entweder würden einzelne Traumfetzen während des Tages wiederkommen, oder aber es war einer der vielen Träume, bei denen im Traumbuch nicht viel mehr stand als ein, zwei Worte und das Datum.

Heute war der 26. Juni, ein strahlend schöner Tag, wie sie mit einem Blick zum Fenster hinaus feststellen konnte, und möglicherweise ein seltener Glückstag für ihre Karriere als Fotografin. Dafür konnte eine schon mal einen Traum vergessen. »Es war eine Botschaft!« sagte sie plötzlich zornig und laut zu sich selbst. »Trotzdem, ich kann mich jetzt nicht darum kümmern. Ich muß was für meine Karriere tun.« Sie stand entschlossen auf und ging ins Bad.

Den Vormittag verbrachte sie damit, Fotos auszuwählen. Auf alle Fälle wollte sie ihre Abschlußarbeit an der Hochschule mitschicken. Sie hatte sie »Schatten und Körper«

genannt, und sie gefiel ihr immer noch. Dann sah sie die wenigen Landschaftsfotos durch, die sie gemacht hatte. Sie seufzte. Die meisten davon hielt sie für äußerst unbedeutend. Zögernd wählte sie ein paar von den Steinfotos aus, die sie in einem Urlaub in Carnac gemacht hatte. Fotos von der Atlantikküste in Portugal. Fotos von Bergnasen und anderen Steingesichtern in den Dolomiten.

Sie breitete die Fotos vor sich aus und lachte. Nur Steine und Wasser. Keine einzige Pflanze, kein Baum, keine Felder. Typisch. Ray, einer ihrer Professoren an der Schule, hatte sie immer wieder damit geneckt, daß sie eigentlich Bildhauer werden sollte, anstatt Fotografie zu lernen. Vielleicht würde sie sich darin eines Tages versuchen. Jetzt war nicht die Zeit dafür. Jetzt wollte sie das, was die Natur selbst in Stein gehauen, geformt und geschliffen hatte, mit ihrer Kamera festhalten. »Schluß«, sagte sie laut. »Das wird jetzt weggeschickt. Und wenn es ihr nicht gefällt, o.k., dann hab' ich Pech gehabt.« Sie steckte alle Fotos in einen Umschlag und brachte das Ganze zur Post.

Wieder zu Hause zwang sie sich dazu, in die Dunkelkammer zu gehen und die Porträtfotos zu entwickeln, die sie den Kunden versprochen hatte. Sie spürte ihre Anspannung, die Erwartung, ob Barbara S. sie mitnehmen würde oder nicht. Nachdem in der Dunkelkammer nichts mehr zu tun war, begann sie in der kleinen Küche sauberzumachen, die Teedosen abzustauben, Regale abzuräumen, zu säubern und wieder einzuräumen. Als die Küche sauber war, fing sie an, ihre Tanzübungen zu machen. Sie grinste in sich hinein. Wozu solche erwartungsvolle Spannung gut war. Ihre Küche war blitzblank, ihre

Übungen hatte sie gemacht. Jetzt konnte sie nur noch ausgehen. Sie mußte warten. Morgen würde der Schiedsspruch fallen, und die Zeit bis dahin mußte sie einfach so vergnüglich wie möglich hinter sich bringen. Sie kannte diese Zustände gut. Alles ist getan, und du hast nur noch die Prüfung vor dir, fühlst dich abhängig von anderen. Ihre Tanzlehrerin fiel ihr ein und deren Lebensweisheit: »You can suffer it, or enjoy it!« Du kannst darunter leiden oder dich darüber freuen.

Obwohl sie spät ins Bett gegangen war, war ihr Schlaf leicht, und sie schreckte mehrere Male hoch, weil sie geträumt hatte, Barbara S. hätte angerufen. Um sechs Uhr morgens war sie endgültig wach, stand seufzend auf und ließ sich Badewasser ein. Vielleicht half das, um zu entspannen. Sie nannte sich innerlich übergeschnappt, schüttelte den Kopf und maulte vor sich hin. »Um Himmels willen. Ich tu so, als ob die Welt untergehen würde, wenn ich diesen Auftrag nicht bekomme. Vielleicht ist Barbara S. eine alte Zimtziege, und ich kann froh sein, nicht volle drei Wochen mit ihr verbringen zu müssen. Und selbst wenn sie das nicht ist, wird aus mir auch ohne diesen Auftrag was.«

Während das Badewasser einlief, machte sie Kaffee. Für ein richtiges Frühstück war es entschieden zu früh. Aber Kaffee und Zeitung am Badewannenrand, das würde sie über eine weitere halbe Stunde ihres ungeduldigen Lebens bringen. Selbst per Eilboten würden die Bilder nicht vor acht Uhr in Zürich sein. Und selbst wenn sie nichts Besseres zu tun hatte, als sie sofort anzusehen, und sofort zu antworten, würde vor halb neun das Telefon nicht klingeln.

Sie badete so lange, bis ihre Fingerkuppen und Fußzehen

aussahen, als wäre sie eben neugeboren oder uralt. Danach verbrachte sie eine völlig unüblich lange Zeit vor dem Spiegel, fönte ihr Haar sorgfältig und begann zu guter Letzt kleine Mitesser in ihrem Gesicht auszudrücken. Sie tappte nackt in die Küche und warf einen schnellen Blick auf die Uhr. Fünf Minuten vor halb neun. Sie setzte den nächsten Kaffee auf, schlüpfte in ihre Jeans und in die grüne Lieblingsbluse, die genau mit der Farbe ihrer Augen harmonierte, ging zurück in die Küche und hörte das Telefon läuten. Im ersten Augenblick stand sie wie erstarrt, dann rannte sie zum Apparat und meldete sich atemlos: »Ja, hier Tamaris.«

»Barbara S.«, sagte eine freundliche Frauenstimme. »Ich habe mir gerade Ihre Fotos angesehen. Wie lange können Sie an einem Stück wandern, ohne zu jammern?«

Tamaris starrte die Sprechmuschel an und sagte gar nichts.

»Sind Sie noch da?« sagte die Frauenstimme nach einer Weile.

»O ja, Entschuldigung. Ich war auf alles gefaßt, aber nicht auf solch eine Frage. Ich kann sie nicht beantworten. Ich bin schon lange nicht mehr gewandert. Ich jogge ausdauernd, tanze und habe einen guten Atem. Mehr kann ich Ihnen nicht sagen.«

»Gut«, am anderen Ende lachte diese fremde Frauenstimme. »Lieben Sie Komfort?«

»Ja«, sagte Tamaris und fügte dann schnell hinzu: »Aber ich kann ohne weiteres eine Weile drauf verzichten.«

»Auch gut«, hörte sie, »also dann, Samstag morgen um neun Uhr geht unser Flugzeug von Zürich. Wir werden ungefähr drei Wochen unterwegs sein. Kaufen Sie sich vernünftige Wanderschuhe. Nehmen Sie ihre eigene Kamera-

ausrüstung mit. Die Filme besorge ich. Die Tickets und alles andere auch. Ich zahle den Flug und die Verpflegung und Unterkunft in Island. Sie bekommen fünfhundert Mark in der Woche als Gage. Wenn wir sehr gut zusammenarbeiten, können wir über eine weitere Summe sprechen. Ich sehe Sie Samstag morgen am Flughafen Zürich.«
Tamaris schwirrte der Kopf. »Ja, gut, ich werde dasein.«
»O.k., dann bis Samstag.« Klick. Aufgelegt.
In fliegender Hast wählte sie Neles Nummer. Als Nele sich meldete, jubelte sie ins Telefon: »Sie hat mich genommen, Nele, sie hat mich kommentarlos genommen. Sie hat kein einziges Wort über meine Fotos verloren, nur gesagt, sie habe sie sich angesehen, und ob ich Samstag am Flughafen sein kann und ob ich wandern kann und ob ich auf Komfort verzichten kann.«
»Stop«, kreischte Nele, »du zerreißt mir das Trommelfell. Ach, herzlichen Glückwunsch, ich freu' mich so für dich.«
»Laß uns zusammen frühstücken gehen, Nele, ich halte es jetzt nicht zu Hause aus, ja bitte?«
»O.k.«, Nele seufzte, »ich bin noch im Bett. Gib einer alten Frau die Chance, sich zurechtzumachen. Ich bin in einer Stunde im Café Monopteros.«
»Gut, ich geh' zu Fuß, dann brauch' ich auch so lange. Tschau.«
Tamaris legte den Hörer auf die Gabel und ging nachdenklich ins Bad. Sie stellte sich vor den schönen großen Spiegel mit dem Barockrahmen, ein Erbstück, das ihr Katharina geschenkt hatte und das sie sehr liebte. Sie machte eine kleine Verbeugung vor dem Spiegel, zog einen imaginären Hut vor sich selbst und sagte: »Guten Tag, seit fünf Minuten sind Sie die Fotoassistentin von Frau

Barbara S. Meine herzlichen Glückwünsche. Ich möchte Sie zur Feier des Tages ins Café einladen. Frühstücken Sie nach Herzenslust.«
Mit weitausholenden Schritten, die Hände in den Hosentaschen, lief sie ihren altbekannten Weg durch den Englischen Garten. Sie hatte das Gefühl, vor Glück und Stolz zu platzen. »Ich muß unbedingt wenigstens ein Rad schlagen, sonst halte ich es nicht aus«, dachte sie. Vorsichtig sah sie sich um, ob irgendwelche ernsthaften Erwachsenen in der Nähe waren. Niemand. Vor ihr lag eine Wiese in der Sommersonne. Sie legte ihre Umhängetasche ins Gras und begann Rad zu schlagen. Sie hatte es nicht verlernt, seit sie ein kleines Mädchen gewesen war, und es war für sie mit Hochgefühlen und Freiheit verbunden geblieben. Als sie schwer atmend wieder auf die Füße kam, stand ein junger Mann am Wegrand und grinste sie an. »Hallo, das war flott. Kennen wir uns nicht?«
Sie grinste zurück: »Doch, aber einmal war genug«, schnappte sich ihre Tasche und ging weiter.
Der junge Mann starrte verdutzt hinter ihr her.
Nele saß bereits auf der Terrasse des Cafés, als sie kam, winkte und strahlte sie an. Sie frühstückten ausgiebig. Tamaris wollte alles über Barbara S. wissen, was Nele nur erzählen konnte. Es war bereits Mittag, als sie das Café verließen. Den Rest des Tages verbrachten sie damit, die besten Wanderschuhe für Tamaris zu finden, sündhaft teuer, aber bequem.

Der Flug nach Island verlief ruhig und ereignislos. Tamaris kämpfte mit einer kindischen Enttäuschtheit. Barbara S. hatte nur ein paar Sätze mit ihr gewechselt. Sie schien an ihrer Person überhaupt nicht interessiert zu

sein. Noch beim Einchecken hatte sie ihr kurz und knapp mitgeteilt, daß sie die erste Nacht in Reykjavik verbringen würden, weil sie am nächsten Tag noch einige Formalitäten zu erledigen hätte. Sie würden mit einem Geländewagen ins Land fahren, zwei Zelte mitnehmen, einen Kocher und ihre Ausrüstung. Einen Augenblick fühlte sie den forschenden Blick der Fotografin auf ihrem Gesicht, dann hatte die Frau sich abrupt von ihr abgewandt, und es war lange Zeit kein Wort mehr zwischen ihnen gefallen.

Irgendwann während des Fluges hatte Barbara ein teures Reisejournal aus ihrer Tasche gezogen und es Tamaris unter die Nase gehalten. »Das ist das amerikanische Journal, für das wir die Fotos machen werden. Sehen Sie es sich an.« Tamaris hatte es entgegengenommen und versucht, Interesse zu zeigen. Aber sie hatte es nur Seite für Seite angestarrt und nichts gesehen. Statt dessen hatte sie gedacht, daß sie es neben dieser kühlen Frau keine drei Wochen aushalten würde. Sie war noch einmal Neles Beschreibung von deren Praktikum durchgegangen. Nele hatte Barbara als eine freundliche und geduldige Lehrerin geschildert, mit der sie viel gelacht hatte und die all ihre wißbegierigen Fragen beantwortet hatte, ohne müde zu werden.

Nach der Ankunft fuhren sie zum Hotel. Barbara kümmerte sich darum, daß sie ein schönes Zimmer erhielt, und ließ sie dann mit den Worten allein: »Sehen Sie sich die Stadt an. Morgen mittag um ein Uhr treffen wir uns hier zum Essen, und dann fahren wir los.« Sie zögerte einen Augenblick, als wollte sie noch etwas sagen, drehte sich dann aber um und ging.

Tamaris warf sich aufs Bett und heulte erst einmal ausgiebig. Danach ging es ihr besser. Sie beschloß, die Reise zum Lernen zu nutzen, egal wie ihr menschliches Verhältnis mit Barbara aussehen mochte. »Du bist in einem fremden Land, hast drei Wochen vor dir, in denen du beobachten und fotografieren kannst, von einer Meisterin ihres Faches lernen und mit Neugierde das Land betrachten. Es wird nicht besser, wenn du jetzt drei Wochen lang enttäuscht bist, weil du dir alles anders vorgestellt hast.« Sie putzte sich entschieden die Nase, ging ins Bad, wusch sich das verheulte Gesicht und machte sich auf den Weg in die Stadt.

In der Nacht erwachte sie von einem hohen durchdringenden Ton, der ihr fast den Schädel zu spalten drohte. Sie setzte sich im Bett auf und spürte, wie er sich langsam verlor. Er war aus einem Traum gekommen. Sie tastete nach ihrem kleinen Reisewecker. Vier Uhr morgens. Sie zog die Jalousien hoch, fast taghell. Sie stand auf, schlüpfte in ihren Morgenrock und setzte sich an den kleinen Schreibtisch ihres Hotelzimmers. Sie hatte ihr Traumtagebuch mitgenommen, fischte es noch ein wenig schlaftrunken aus ihrer Tasche und begann zu schreiben.

1. Juli, Island

Ich erwache von dem hohen Ton, den ein schwarzer, eiförmiger Stein von sich gegeben hat.

Der Anfang des Traums: Ich laufe über grüne Hügel, endlose Hügellandschaft, so gut wie kein Gebüsch, in weiter Ferne ein riesiger alter Baum. Es ist Nacht. Vollmond. Eine große Frau, könnte Barbara S. sein, winkt mir von weitem. Immer wenn ich ihr näher komme, ist sie wieder ein Stück vor mir und winkt. Ich folge ihr und komme zu dem Baum. Er ist so alt, daß ein Teil seiner riesigen Wurzeln ausgehöhlt bloßliegt. Darinnen, wie in einem Nest, liegt ein handgroßer, eiförmiger, schwarz-schimmernder Stein. Die Frau deutet wortlos darauf. Immer wenn Mondlicht auf den Stein fällt, beginnen aus seinem Inneren Zeichen aufzusteigen, glänzend, fast gleißend. Sie verblassen, sobald sie auf der Oberfläche erscheinen. Beim letzten Zeichen beginnt dieser hohe Ton, der meinem Kopf Schmerzen bereitet. Das Zeichen besteht aus zwei X. Sie sind so dargestellt, wie ich es aus dem Biologieunterricht von den weiblichen Chromosomen her kenne. Also das Zeichen für »weiblich«.

Sie versuchte den Baum zu zeichnen und den Stein, der zwischen seinen Wurzeln lag und aus dem all diese Zeichen aufgestiegen waren. Dann kroch sie zurück ins Bett. Es war merkwürdig. Es kam ihr vor, als kenne sie den Stein. Als erinnere sie sich dabei an etwas sehr Altes, sehr Vertrautes und doch Unbekanntes. Über dem Nachdenken schlief sie wieder ein und träumte erneut. Katharina saß an ihrem Bett und hielt ihre Hand. Sie sah glücklich und zufrieden aus. »Erschrick nicht, Kleines, du wirst auf eine Reise gehen. Du bist nicht allein.«
Um neun war sie wieder wach. Sie schrieb auch diesen Traum auf; er beunruhigte sie. Sie war nicht vor mehr als vier Jahren von den Inseln aufgebrochen, um jetzt selbst diese Art von Reisen anzutreten, die Katharina unternahm und die sie nicht verstand und nicht verstehen wollte. Manchmal nahmen sie Kontakt auf, auf dieselbe Weise, wie Tamaris es damals versucht hatte, als Katharina so

schrecklich weit weg gewesen war. Sie hatte gelernt zu spüren, ob Katharina ansprechbar war oder nicht, und ebenso konnte sie, wenn sie Katharinas Anwesenheit wahrnahm, den Kontakt annehmen oder verweigern. Drahtloses Telefonieren nannten sie es beide. Manchmal war es praktisch, manchmal einfach tröstlich, diesen Kontakt zu haben.

Sie starrte auf die Seiten des Tagebuches. Dann nahm sie entschlossen den Stift und schrieb in großen Buchstaben: »NICHT DEINE REISEN, MUTTER! NICHT ICH!«

Es war ihr, als hörte sie von weit her eine Antwort: »Nicht meine Reisen, Chica. Deine. Und niemand zwingt dich dazu.« Mit einer heftigen Bewegung stand sie auf und ging in den Frühstücksraum. Von Barbara keine Spur. Aber sie hatte sie auch nicht erwartet. Ein Ehepaar saß an einem Tisch, zwei junge Männer an einem anderen. Sie nahm an einem kleinen Tisch Platz und ließ sich das Frühstück schmecken.

Mittags fuhren sie los. Barbara schien ein wenig gesprächiger als am Tag zuvor. Sie erklärte ihr, wohin sie fahren würden, daß sie dann eine Weile wandern würden, um sich mit dem Land und den Formen vertraut zu machen, und dann dort, wo sie das Auto gelassen hatten, übernachten würden. »Fotografieren Sie noch nicht. Machen Sie sich erst einmal mit dem Land vertraut. Außer, wenn Sie natürlich irgend etwas sehen, was Ihre Aufmerksamkeit erregt.«

Sie lächelte sogar, und Tamaris schöpfte neuen Mut und dachte: »Vielleicht wird es gar nicht so schlimm mit ihr sein.«

Den ganzen Nachmittag wanderten sie schweigend. Ta-

maris sah die grünen Hügel ihres Traums und wartete gespannt darauf, daß irgendwo der große Baum auftauchte. Aber weit und breit war nichts von Bäumen zu sehen. Das Schweigen während des Wanderns war angenehm und unterschied sich von der Wortlosigkeit des Vortages durch das Gefühl von Stimmigkeit. Sie waren beide in Gedanken und in den Anblick der Hügel rund um sie versunken, aber auf eine unbestimmbare Weise verbunden. Tamaris versuchte den Unterschied zu begreifen. Heute schien ihr das Schweigen gemeinsam, wie eine ruhige Übereinkunft, die wohltat und sie nicht von einander fernhielt. Gestern war es nicht Schweigen gewesen, sondern eine trennende, unüberbrückbare scheinende Wortlosigkeit. So neben Barbara zu laufen weckte das gleiche Gefühl, das sie heute morgen nach dem ersten Traum gehabt hatte. Vertrautheit, die ihr unbekannt schien und doch auch auf merkwürdige Weise an etwa Altes, lange Vergessenes erinnerte.
Am Abend, als sie im Windschatten der beiden kleinen Zelte ihr Essen verzehrten sagte Barbara: »Es war angenehm, mit Ihnen zu wandern. Ich hoffe, wir haben drei anregende Wochen zusammen.«
Tamaris sah sie an und sagte ruhig: »Ja, das wünsche ich mir auch.« Wieder spürte sie den kurzen forschenden Blick über ihr Gesicht gleiten, wie eine tastende Frage, und das abrupte Abwenden, das darauf folgte. Wäre Barbara eine Inselfrau, Tamaris hätte sie darauf angesprochen und sie gefragt, was sie sah oder suchte oder fragte. Aber sie kannte Barbara zu wenig, um zu wissen, ob es möglich war, auf diese Weise mit ihr zu sprechen.
Tamaris erinnerte sich zu gut, wie schmerzhaft die erste Zeit gewesen war, als sie fern von den Inseln hatte lernen

müssen, daß die meisten Menschen nicht mit dieser offenen Art hatten umgehen können. Manche hatten sich verschlossen, oder das Gefühl geäußert, Tamaris trete ihnen zu nahe. Manche hatten nicht gewußt, was sie von ihnen wollte. Und sie hatte mit Erstaunen gelernt, daß viele Menschen diese feinen, unausgesprochenen Mitteilungen gar nicht registrierten, sich ihrer eigenen Kommunikation kaum bewußt waren. In diesen Zeiten hatte sie manchmal daran gezweifelt, ob es richtig gewesen war, die Insel zu verlassen.
Sie sah Barbara scheu von der Seite an. Das Gesicht der älteren Frau schien zu einem Stein gefroren, verschlossen und abweisend. Tamaris erinnerte sich an eine lange zurückliegende Szene, an Katharinas zärtliche Worte: »Habe ich eine Heldin geboren?«, und sie wünschte sich, sie fände eine Geste oder Worte, die der Frau vor ihr das Teilen ermöglichen würde. Aber der Augenblick verstrich, und das Getrenntsein hielt an. Tamaris stand leise auf und wünschte Barbara eine gute Nacht. Ihr Wunsch blieb ungehört.
Später, als sie in ihrem kleinen Zelt lag, saß Barbara immer noch draußen. Im Halbschlaf hörte Tamaris eine Flöte, die von den Hügeln, der Weite und der Einsamkeit hier draußen erzählte. Darüber schlief sie ein.

Im 13. Drachenjahr
3. Isis-Tag der 5. Monade

»Sei gegrüßt, Tam! Was um Artemis' willen verstehst du unter einer Reise? Schließlich scheint es dir keine großen Probleme zu machen, die Reise in die Zeitebene durchzuhalten, die du ausgewählt hast und in der du als Tamaris immerhin ein gutes Maß an Energie in ebenjene Verkörperung, ihre geistige und seelische Ausformung gibst. Darf ich dir also einen kleinen intergalaktischen Unterricht über Reisen halten?

Reisen heißt, die Verbundenheit, in der du existierst, bewußt oder unbewußt (in eurer Terminologie) zu leben. Reisen heißt, auch auf anderen Ebenen als der, in der du dich als Tamaris verdichtest, deine Aufgaben zu erfüllen, und Reisen hieße konkret (ebenfalls in eurer Terminologie, große Göttin!) in deinem Fall jetzt, daß du dich für die Reisen, die du machst, öffnest und dir ein Bewußtsein darüber verschaffst. Dies wäre sehr hilfreich für UNS alle. Für dich, als scheinbar isolierte Einheit von UNS, weil du mehr Sinnfälligkeiten in deiner Lebensaufgabe entdecken könntest, und für uns, weil es ökonomischer ist, mit einer zu korrespondieren, die sich ihrer Zusammenhänge bewußt ist.

Es scheint in eurer Zeitachse wegen der fortgeschrittenen Isolierung (wahrnehmungsmäßig von eurer Seite her) so etwas wie eine Paranoia zu geben, für irgendwelche Pläne von irgendwelchen Wesenheiten mißbraucht werden zu können. Würdest du bitte die Güte haben, dich in deinem jungen Körper daran zu erinnern, daß du ein Teil dieser Wesen bist und selbst an der Verwirklichung dieser Pläne interessiert bist! Entschuldige bitte den etwas sarkastischen Ton. Wie du weißt, bin ich in der kurzen Ausformung, die ich zu Korrespondenzzwecken annehme, nicht älter als du, und deshalb genauso ungeduldig. Auch macht es wenig Spaß, zu wissen, daß von all den Ausführungen, die ich dir oder anderen unausgebildeten Wolfstänzerinnen vermittle, höchstens ein paar Fetzen in ihr Körperbewußtsein wandern. Du würdest sagen: Perlen vor die Säue geworfen.«

»Das verstehe ich«, sagte Tamaris, »mir geht es schon so, wenn ich hier die feineren, zarteren Kommunikationsformen nicht pflegen kann.« Einen Augenblick war ungläubiges Schweigen. Tamaris erwachte fast davon.

»Menstruierst du? Oder hast du dir meine Rede so zu Herzen genommen?«

»Ich menstruiere. Und außerdem habe ich hoffentlich etwas von dem, was du mir mitteilen wolltest, begriffen. Trotzdem haben mich die Reisen meiner Mutter beängstigt, und nach wie vor erscheinen sie mir überflüssig und fernab von den Realitäten, die wir hier, in dieser Zeitebene, wie du es zu nennen pflegst, vorfinden und auch verändern sollen.«

»Hat irgendwer gesagt, du würdest dieselben Reisen machen wie deine Mutter oder auf dieselbe Weise oder um die gleichen Verbindungen zu festigen, die sie festigt?«

»Nein.«

»Fein. Du wirst deine Reise auf deine Weise machen, wie du die Reise, die du dein Leben nennst, auf eine unverwechselbare Weise machst. Nur daß du dir jetzt auch noch die anderen Wirklichkeiten dieser Reise bewußt machst, weitere Konzentrationen deines Wesens kennenlernst und noch ein paar Dinge mehr, die sich schwer übersetzen lassen. Erst zusammengefügt ergibt es einen sinnvollen Tanz. So wie du jetzt beharrst zu tanzen, würdest du nie auf der Bühne tanzen. Es erschiene dir bestenfalls grotesk.«

Tamaris dachte nach und fragte dann zögernd: »Was heißt das alles? Entwerfe ich meine Reisen, oder werde ich zu diesen Reisen gerufen?«

»Von UNSEREM Standpunkt aus sind das müßige Fragen. Ich könnte sie alle beide mit ja beantworten. Du entwirfst und wirst gerufen — eine unvollkommene Auskunft in intergalaktischer Hinsicht. Sie möge dir genügen im Augenblick.
Ich bin erfreut darüber, daß wir miteinander sprechen können. Mögen sich unsere Schwingungsfelder mit der gewaltigen Sanftmut der Himmelsreiterinnen durchdringen. Artemisia von den Kore-Inseln.«

Ein grau verhangener Tag stieg aus einer Nacht hervor, die zu dieser Zeit niemals ganz dunkel wurde. Tamaris erwachte von einer durchdringenden Stille. Sie kroch aus ihrem Zelt und begann leise und vorsichtig mit dem Geschirr zu hantieren, um Frühstück für Barbara und sich zuzubereiten. Der Traum war ihr deutlich.
»Wenn es ein Traum gewesen ist«, murmelte sie. Sie hatte sicher nicht das erste Mal mit dieser Frau, diesem Wesen, oder was immer diese Stimme war, gesprochen. Das spürte sie, ohne sich erinnern zu können, wann und wo es schon einmal geschehen war.
Während sie, immer noch leise, um Barbara nicht zu wecken, den kleinen Klapptisch deckte, erschien die Fotografin. Nicht aus dem Zelt kriechend und verschlafen, wie Tamaris es erwartet hatte, sondern von weit her winkend, die Kamera um den Hals und offensichtlich befriedigt ob der Fotos, die sie bereits gemacht hatte. Tamaris' verdutztes Gesicht schien sie zu erheitern.
»Guten Morgen, wunderbar, Kaffee«, sagte sie aufgeräumt, ließ sich auf einen der bereitgestellten Stühle fallen, streckte die Beine aus und seufzte genüßlich.
Während des Frühstücks erzählte sie, daß sie Geysire ent-

deckt hatte und sie im Halbdämmer der verblassenden Nacht und des nicht davon zu unterscheidenden Morgens fotografiert hatte. Nebel und Dampf in bizarren Formen. Ihre Stimme war zufrieden und gelöst. Aber sie vermied es, Tamaris anzusehen. »Ziehen Sie heute alleine los. Und halten Sie die Augen offen, ob Sie etwas finden, was fotografierenswert ist.«
Tamaris spürte, wie ihr Körper sich bei der Vorstellung, daß sie sich jetzt als Fotografin beweisen mußte, verkrampfte. Offensichtlich hatte Barbara Tamaris' Aufregung mitbekommen. Freundlich beugte sie sich der jungen Frau zu, hob den Arm, um ihn auf Tamaris' Arm zu legen, und blieb mitten in der Geste hängen. Sie nahm hastig ihre Kaffeetasse auf und trank einen Schluck. Was war das nur, war diese Frau so zwiespältig, oder hatte es mit ihr, Tamaris, zu tun? Sie hatte keine Lust mehr zu spekulieren und sagte: »Barbara ...«, aber die ältere Frau ließ sie nicht aussprechen, stand auf und sagte so distanziert, wie Tamaris sie nun schon kannte. »Nehmen Sie einen Kompaß mit. Können Sie damit umgehen?«
»Ja«, sagte Tamaris. Es war nichts zu machen. Sie räumte das Geschirr weg, während Barbara in ihrem Zelt verschwand, nahm ihre Fototasche, das Regencape und den Kompaß und rief dann in Richtung des Zeltes: »Bis heute abend, ich verschwinde jetzt.«
Barbara brummte irgend etwas Unverständliches aus ihrem Zelt, und Tamaris stapfte kopfschüttelnd davon.
Tagelang sahen sie einander nur zum Frühstück und zum Abendessen. Abends ließ sich Barbara von Tamaris erzählen, was sie fotografiert hatte, mit welcher Blende, bei welchem Licht. Gab ihr Ratschläge oder bestätigte sie und verließ den Tisch, sobald die Gespräche über Fotografie ver-

stummten. Mit den Tagen begann Tamaris ihr einsames Umherstreifen zu genießen. Das Land rief Erinnerungen an die Mittelmeerinsel wach. Lavagestein, schwarz und manchmal von rostroten und safranfarbenen Flechten überzogen. Die bizarren Formen, in der die glühenden Flüsse zum Stillstand gekommen waren, nur hügeliger und flacher und nicht zu dem wilden Berg mitten im Meer aufgetürmt, der so klein war, daß sie immer und von überall das Meer hatte sehen könne. Die Geysire waren ihr neu, und sie saß an einem Tag stundenlang in respektvollem Abstand, um die dampfenden, sprudelnden und zugegebenermaßen auch stinkenden Geschöpfe zu betrachten. Alles an dieser Insel schien jung und beweglich und unausgegoren und gleichzeitig uralt und archaisch.
Nachts, wenn sie bereits in ihrem Schlafsack lag, hörte sie manchmal die melancholische Stimme von Barbaras Flöte, und sie hätte sie zu gerne gefragt, was dieses Spiel für sie bedeutete. Aber sie wollte das Risiko nicht auf sich nehmen, erneut diese schnelle, abweisende Haltung zu provozieren, die ihr nun schon bekannt war und die in den letzten Tagen etwas lockerer geworden war, weil sie akzeptiert hatte, daß sie nur und ausschließlich über Fotografie sprachen.
Eines Morgens wurde sie vom Sturm, der an ihrem Zelt rüttelte, und von einem wilden Regen, der darauf niederklatschte, wach. Ihr erster Gedanke galt dem Campingkocher und den Ausrüstungsgeräten, die draußen waren. Sie zog hastig ihre Regenhaut über und stürzte vor das Zelt. Barbara war schon da und warf fluchend alle nassen Sachen in den Fond des Wagens.
»Bauen wir ab«, sagte sie. »Werfen Sie das nasse Zelt dazu. Wir fahren, solange ich noch etwas von der Piste sehe. Ich

kenne ein kleines Hotel in der Nähe des berühmten Gullfossfalles.«
Gemeinsam bauten sie die Zelte ab und fuhren los. Der Sturm und der Regen warfen sich wütend auf das Fahrzeug. Barbara war völlig damit beschäftigt, das Auto auf der unbefestigten und kaum markierten Bahn zu halten, und Tamaris hatte neben ihr nichts weiter zu tun, als dem Schauspiel draußen fasziniert zuzusehen.
Sie brauchten Stunden, um die etwa 40 Kilometer bis zu dem Hotel, von dem Barbara gesprochen hatte, zurückzulegen. Sie erhielten zwei schöne, warme Zimmer und die Möglichkeit die nassen Zelte in der geräumigen Waschküche zum Trocknen auszubreiten. Barbara hatte Tee und ein großes Frühstück für sie bestellt, und hungrig wie die Wölfinnen stürzten sie sich auf die erste Mahlzeit des Tages. Sie hatten seit dem frühen Morgen kein Wort gewechselt, und Tamaris wußte, es würde so bleiben. Höflich stand sie auf und sagte: »Ich glaube, ich nehme ein heißes Bad.«
»Das ist eine gute Idee«, erwiderte Barbara, ohne aufzusehen. »Heute ist sowieso nicht an Fotografieren zu denken.«
Das Bad tat ihr gut. Sie fühlte sich unternehmungslustig und frisch und beschloß, einen kleinen Spaziergang in Wind und Wetter zu unternehmen. Als sie aus dem Haus trat, riß eine Böe sie fast um. Sie streckte die Arme aus und rief übermütig: »Herzlich willkommen, herzlich willkommen.« Der Sturm war so heftig, daß sie nur gebeugt vorankam, und der Regen peitschte ihr den Umhang.
»Immer noch besser, als stumm da drin zu sitzen«, dachte sie vergnügt. Die Flechten vor ihr schienen ihr den Weg zu weisen. Sie lachte. Als sie als kleines Mädchen mit Katha-

rina, Arelas, Olga und der gleichaltrigen Viola für einige Monate an der Atlantikküste in Cornwall gelebt hatte, hatte es ein wunderbares Spiel gegeben. Alle waren »Zeichen« gefolgt. Pflanzen, die sie als Wegweiser nahmen, bis sie die Lust verließ oder sie an irgendeinem Platz angelangt waren, der ihnen gefiel, und abends mußten alle nacheinander ein Geschichte erzählen, wohin die Pflanzen sie geführt hatten, was ihnen Abenteuerliches widerfahren war, wem sie begegnet waren. Es waren Märchen dabei entstanden und manchmal schauerlich aufregende Abenteuer — und sie versuchten sich alle gegenseitig darin zu übertreffen, wer die spannendste Wanderung gemacht hatte, am meisten Feen getroffen oder Kobolde, Sturmriesinnen oder lockende Ungeheuer.

Jetzt folgte sie bereitwillig den Flechtenwegweiserinnen. Hierhin und dorthin führten die Zeichen, und Tamaris ließ sich weisen, bis sie plötzlich stehenblieb und augenblicklich wußte, daß sie sich verlaufen hatte. Im selben Augenblick riß die Wolkendecke auf, der Regen ließ nach und versiegte. Die Sonne kam hinter dem dichten Grau hervor und beschien das Land, das zu dampfen und zu funkeln begann. Tamaris vergaß ihre mißliche Lage, so schön war das Land in diesem Augenblick. Innerlich beschimpfte sie sich, weshalb sie den Fotoapparat nicht geborgen unter dem Regencape mitgenommen hatte. Sie warf das Cape zur Seite und begann sich zu drehen. »So schön, so schön, so schön«, sang sie dabei. Sprang und drehte sich und tanzte. Es war ihr, als müßte sie beim Anblick dieser verzauberten Welt vor Glück bersten.

»Ho, das war ein hübscher Sprung«, sagte neben ihr eine spröde Stimme. Sie erschrak so heftig, daß sie fast gefallen wäre, ihr Herz hämmerte hörbar, und ihre Knie zitterten.

Neben ihr stand, wie aus dem Boden gewachsen, eine alte Frau. Sie schien Tamaris' Schwanken zu bemerken, streckte die Hand nach ihr aus und hielt sie. Die kleine, trockene runzlige Hand lag nun in der jungen, erhitzten, drückte sie kurz und ließ sie los.

»Also tatsächlich eine Wolfstänzerin, noch ein bißchen grün hinter den Ohren, was? Ich hatte dich gebeten zu kommen. Nett von den Flechten, daß sie dir den Weg gewiesen haben, nicht?« Ohne Tamaris zu fragen, hatte sie das Cape auf die noch trockene Seite gedreht, es ausgebreitet und sich darauf niedergelassen. Jetzt klopfte sie auffordernd auf den verbleibenden Platz neben sich.

»Setz dich, so spricht sich leichter.« Tamaris befolgte, noch immer erschrocken und schüchtern, ihren Rat.

»Wir haben beschlossen, dich bei dieser Reise mit ein bißchen Fieber zu unterstützen, was hältst du davon?«

»Wer ist wir und welche Reise und weshalb Fieber?« sprudelte Tamaris hervor.

Die Alte lachte. »Langsam, langsam. Also, wir sind ein paar Wolfstänzerinnen, die dich einweisen. Die Reise, nun ja, ist deine Reise zum ersten Tanz, und das Fieber haben wir uns ausgedacht, weil besondere körperliche Zustände am Anfang das Tanzen erleichtern. Wir haben uns gegen Alkohol entschieden, der dämpft und ist nicht für deine Art, und gegen Pflanzenhilfe, du willst schließlich keine Heilerin werden, und für alle anderen ist es keine Hilfe, sondern eine Gefahr, die sie aus ihrer Integrität reißen kann. Fieber ist harmlos und nett, findest du nicht?« Sie grinste.

»Ich will keine Reise machen, und ich kann jetzt kein Fieber gebrauchen, und ich habe euch nicht um eure Hilfe gebeten. «Tamaris war aufgebracht, dann hielt sie inne und sagte langsam: »Nein, das stimmt nicht ganz. Wenn Reisen das bedeutet, was die Stimme im Traum gesagt hat, geht es in Ordnung. Aber ich kann doch jetzt kein Fieber gebrauchen. Die Situation mit Barbara ist angespannt genug.« Hilfesuchend sah sie die Alte an.

Die kicherte: »Hat Artemisia dir eine Predigt gehalten? Und wegen Barbara mach dir keine Sorgen.« Ein belustigter Blick streifte sie.

Tamaris sah sie an und sagte zaghaft: »Wird es schwer sein?«

Die Alte zog erstaunt die Augenbrauen hoch. »Du bist doch der Tanz. Er überfällt dich doch nicht. Das Fieber ist nur dazu da, dich am allzuvielen Denken zu hindern. Das Denken der meisten aus dieser Zeitebene ist eine lächerliche Ansammlung von Meinungen. Geistige Intelligenz ist etwas anderes, und sie ist durch ein bißchen Fieber schließlich nicht lahmgelegt.«

»Hör zu, du widerborstiger Grünschnabel. Hätte dir damals auf der Insel eine von uns gesagt, mach jetzt diese Reise, von der Insel weg, dann hättest du dich gesträubt und gedacht, es ist nicht deine Entscheidung. Jede Reise hat einen Zusammenhang mit dem Kollektiv des Rates. Deine Reisen werden immer Reisen sein, die dir realistisch und wirklich erscheinen. Die Reisen deiner Mutter, die dich so ärgerlich und gleichzeitig ängstlich gemacht haben, sind anderer Natur. Die Generation deiner Mutter mußte weit reisen, sehr weit hinaus, sozusagen, und sehr weit in ihre Körper hinein, sozusagen, weil sie Kräfte und Erinnerungen, den Rat oder die Ahninnen, wie du willst, hier in dieser Zeitachse versammeln mußten, die in euren Zellerinnerungen nur noch vage schwangen. Du, zum Beispiel, mußt keine solchen scheinbar weiten Reisen antreten.

Wenn keine dich jetzt auf die Reise aufmerksam gemacht hätte, würdest du die Ereignisse vielleicht gar nicht als ›Reise‹ wahrnehmen, so eingebettet sind sie in dein Leben.«

»Weshalb erschreckt ihr mich dann und sagt es mir?« fragte Tamaris.

»Weil du lernen sollst, sie zu erkennen und weil es dir nichts nützt, mit dieser Angst zu leben, du könntest zu etwas bewegt werden, was du nicht selbst entscheidest, und weil du erkennen sollst, daß, wenn WIR entscheiden, du auch WIR bist und gleichzeitig die eigensinnig Handelnde. Du denkst in verwirrten Kategorien eures Planeten und eurer Zeitachse. Du denkst, es könnte sein, daß es Wesen gibt, die dich wie eine Marionette benutzen wollen, die deine Integrität antasten, dich zu Handlungen und Reisen verführen, die du nicht willst. Oder du denkst, du, Tamaris, entscheidest, unabhängig von anderen, selbstverantwortlich, was du machst, so als gäbe es diese beiden Möglichkeiten — und beide sind falsch, weil WIR eins sind mit dir und du eins bist mit UNS.«

»Und was wäre, wenn ich mich weigern würde zu reisen?«

Die alte Frau verschluckte sich fast an ihrem Lachen. »Wenn du dich gänzlich weigern würdest, würdest du auch diese Inkarnationsreise abbrechen. In eurer Sprache hieße das, du würdest sterben. Wenn du dich weigern würdest, die Reisen, die du jetzt antreten kannst, zu machen, würde es heißen, die Ereignisse, die diese Reisen bedeuten, würden nicht stattfinden. Niemand würde dich dafür bestrafen oder mißachten oder es dir vorwerfen, oder«, sie zwinkerte, »dich dazu zwingen. Du würdest im Bewußtsein des Getrennt-Seins von UNS leben, das heißt nicht, daß du getrennt von UNS leben würdest. Nicht, daß wir es dir nicht erlauben würden. Aber selbst für einen grünschnäbeligen Dickschädel wie dich werden die Gesetze des Universums nicht einfach außer Kraft gesetzt. Du hättest mich auch fragen können, ob du auch ohne deine Mutter auf diese Erde hättest kommen können. Und ich hätte dir geantwortet, daß du das selbstverständlich könntest, aber eben nicht einer Verkörperung und schon gar nicht als Tamaris. Findest du diese Gesetzmäßigkeit beschämend oder dich manipulierend?«

Tamaris schüttelte den Kopf.

»Ach, immerhin! Hör zu, ich bin ein bißchen müde. Laß dir die Dinge durch den Kopf gehen, ja?« Die alte Frau stand auf und begann sich bereits zu entfernen, als Tamaris sich ihrer mißlichen Lage wieder bewußt wurde.

»Warte«, rief sie. »Ich habe mich verirrt, ich weiß nicht, wie ich zurück zum Hotel finde.«

Die Alte drehte sich um, schüttelte mißbilligend den Kopf und sagte: »Glaubst du, ich hätte die Pflanzen gebeten, dir den Weg hierher zu weisen, und ließe dich jetzt ohne Hilfe hier stehen? Obwohl«, sie kicherte, »für das Fieber wäre es gar nicht schlecht, oder?«

Tamaris stöhnte, zuckte mit den Schultern und sagte: »O.k., o.k., ich finde schon nach Hause.«

»Immer«, grinste die Alte und verschwand.

Tamaris sah sich um. Es würde also Zeichen geben. Sie sah eine Flechte, bei der sie das Gefühl hatte, sie wiese ihr die Richtung, und ging, dann noch eine und noch eine. Als sie das Haus von weitem sah, begann sie zu rennen. Sie weinte. »Es ist einfach zuviel, zuviel, zuviel«, schluchzte sie vor sich hin. Kurz vor dem Haus blieb sie stehen, putzte sich die Nase, wischte sich über die Augen, atmete tief ein und ging langsam weiter. Sie wollte nicht, daß Barbara sie so sehen würde. »Ach, ist das kompliziert, ständig nehme ich auf diese Frau Rücksicht oder will ihr nicht zeigen, wie und wer ich wirklich bin.« Wütend kickte sie einen kleinen Lavastein mit dem Fuß.

Barbara saß im Foyer, als sie hereinkam. Sie war in ein Gespräch mit einem älteren Herrn vertieft, wirkte vergnügt und ausgeruht. Als sie Tamaris sah, runzelte sie die Stirn und sagte ein wenig spöttisch. »Du liebes bißchen, wie sehen Sie denn aus? Wo haben Sie sich denn rumgetrieben?«

Tamaris spürte Wut in sich aufsteigen. Sie kannte das, hielt sie fest, wie eine noch eingewickelte Peitsche im Körper, blickte nicht auf und sagte gepreßt: »Draußen«, und war bereits auf der Treppe nach oben. Sie warf die Zimmertüre hinter sich zu, lehnte sich schweratmend von innen dagegen und dachte grimmig: »Diese blöde Ziege. Redet die ganzen Tage nicht mit mir, und dann hat sie nichts Besseres zu tun, als mir ein paar spöttische Bemerkungen zu verpassen.«

Einen Augenblick schämte sie sich für die Unhöflichkeit, mit der sie an ihr vorbeimarschiert war, dann zuckte sie mit den Schultern. »Geschieht ihr recht, wird sie sowieso nicht registriert haben, kann mir auch gleichgültig sein«, dachte sie. Sie schleuderte die nassen Kleidungsstücke im Bad auf den Boden, ließ sich zum zweiten Mal an diesem Tag ein heißes Bad ein und legte sich wohlig stöhnend hinein.

»Laß dir die Laune nicht verderben, Grünschnabel«, sagte sie im Tonfall der Alten zu sich selbst. Sie mußte niesen. »He, nicht so schnell, meine fast unbekannten Damen. Wenn ich jetzt gleich Fieber bekomme, habt ihr es gemacht, wenn ich es erst morgen habe, kann ich sagen, daß ich unachtsam im Regen herumgelaufen bin.« Sie fühlte sich hungrig und hatte das dringende Bedürfnis nach einem heißen Grog. Aber wenn sie daran dachte, mit Barbara an einem Tisch zu sitzen, verging ihr der Appetit. Sie überlegte und kam zu dem Schluß, daß sie einfach in der Küche fragen würde, ob sie etwas zu Essen mit aufs Zimmer nehmen konnte.

Sie verließ das Bad, trocknete sich ab und zog sich an, dann stieg sie die Treppen hinunter und bog, bevor sie das Foyer erreichte, in den Küchentrakt ab. Die Köchin war eine mütterliche Frau. Sie lud ihr den Teller randvoll und machte einen Grog. Mit dem beladenen Tablett stieg Tamaris wieder hinauf in den ersten Stock und in ihr Zimmer. Sie kuschelte sich ins Bett, machte es sich bequem und aß alles mit Heißhunger. Dann trank sie den Grog. Er war stark und verbreitete eine angenehme Wärme in ihrem Körper.

Sie wollte eben das Licht löschen, um einzuschlafen, als es an ihre Türe klopfte. »Ja«, sagte sie schläfrig. Barbara trat ins Zimmer, sah das Tablett und nickte zustimmend.

»Das war eine gute Idee. Hoffentlich haben sie sich nicht erkältet.«

Tamaris verschluckte sich fast an ihrem aufsteigenden Gelächter, blieb aber äußerlich ernst und nickte.

»Ich wollte mich entschuldigen für meine spöttische Bemerkung vorhin«, sagte Barbara. »Morgen können wir eine Wanderung zu den Wasserfällen machen. Der Herr, mit dem ich gesprochen habe, ist Geologe. Er kennt sich hier aus und würde uns führen.« Abwartend sah sie Tamaris an.

»Wie schön für uns.« Tamaris war selbst über die Schärfe in ihrer Stimme erschrocken.

Barbara zog die Augenbrauen erstaunt hoch, schien einen

Augenblick zu überlegen und sagte dann nur ruhig. »Gute Nacht, bis morgen.« Sie zog die Zimmertüre hinter sich zu.
Tamaris hielt den Atem an. »Bin ich verrückt? Ich benehme mich unmöglich.« Wenn sie so weitermachte, konnten sie die Tage damit zubringen, sich gegenseitig für schlechtes Benehmen zu entschuldigen. Sie starrte eine Weile vor sich hin und entschied, daß sie zu müde war, um weiter nachzudenken, löschte das Licht und schlief ein.
Während der Nacht erwachte sie schweißgebadet aus einem Traum. Sie war in einem Raumschiff, angeschnallt an einen Sitz, durch Zeitebenen und Räume gejagt und hatte dabei nach Barbara geschrien. Sie knipste das Licht an, sah sich um, fand sich im Hotelzimmer wieder und atmete erleichtert auf. Hatte sie laut geschrien? Sie lauschte auf den Gang hinaus. Niemand war aufgewacht. Sie ließ das Licht brennen, wie sie es manchmal als Kind gemacht hatte, und schlief wieder ein.
Barbaras Klopfen weckte sie. »Krank?« fragte sie, und Tamaris nickte. »Soll ich einen Arzt rufen?«
»Nein, morgen bin ich wieder o.k.«, und leise fügte sie hinzu: »Ich wollte Ihnen keine solchen Umstände machen.«
»Schon gut«, sagte Barbara, »das kommt vor. Ich gehe dann, bin heute abend zurück. Gute Besserung.«
Die Tür ging zu. Nach kurzer Zeit kam sie zurück, trug ein Tablett mit dampfend heißem Tee und einem verlockenden Frühstück, bei dessen Anblick Tamaris unglücklich das Gesicht verzog. »Ich glaube, ich kann nichts essen, aber vielen Dank für den Tee.«
Barbara nickte nur. »Also, bis heute abend.«

5.

Gibt es einen Grund zu lieben?

Zwischen den Räumen der Wirklichkeiten
schwingt sich die Vogelfeder in die
Lüfte.
Leicht ist das Teilen unter solchen,
die gleich sind
und alle Räume betreten können.

Tamaris schlief fast den ganzen Tag. Manchmal erwachte sie und spürte, wie das Fieber in Wellen durch ihren Körper jagte. Sie kicherte belustigt. »Eine schöne Reise, meine Damen, wirklich fabelhaft. Es ist eine einfache fieberhafte Erkältung, und ihr habt einen solchen Zirkus darum gemacht.« Einen Moment dachte sie nach und machte wieder die Stimme der Alten nach, »das heißt, WIR machen eine Reise, das heißt, ich mache eine Reise, das heißt, wer weiß, wer hier eine Reise macht.« Sie fühlte sich leicht und schwer und heiß und kalt und eigentlich ganz wunderbar.
Irgendwann im Laufe des Tages kam die mütterliche Köchin, legte ihr prüfend die Hand auf die Stirn und blickte sie besorgt an. »Hat Sie ganz schön erwischt.« Sie wartete, bis Tamaris den heißen Tee getrunken hatte, und ließ sie dann wieder allein.
Viel später erwachte sie mit dem Gefühl beobachtet zu werden. Sie schlug die Augen auf und sah in Barbaras prüfendes, nachdenkliches Gesicht. Einen winzigen Augenblick lang sah Tamaris Qual und Zweifel, bevor sich Barbara einen Ruck gab und mit unbeteiligter Stimme sagte: »Es sieht nicht so aus, als ob Sie morgen gesund wären. Sie bleiben hier, bis Sie wieder in Ordnung sind, und ich fahre morgen allein weiter, einverstanden?«
Tamaris spürte den Kloß im Hals, aber sie nickte. Sie konnte schließlich Barbaras Arbeit nicht gefährden, wenn sie selbst zu nichts nütze war.

»Kann ich noch was für Sie tun?« fragte Barbara fast beiläufig.
»Ein naßes Tuch, bitte, meine Haare kleben im Gesicht.« Tamaris' Stimme war nur ein Flüstern. Sie hätte gerne geweint. Aber sie schämte sich, es war albern. Barbaras Vorschlag war vernünftig, und sie war kein kleines Mädchen, daß nicht alleine gesund werden konnte.
Barbara ging ins Bad, hielt ein Handtuch unter das eiskalte Wasser, wrang es aus und kam zurück. Sie strich Tamaris die Haare aus dem Gesicht und wischte ihr mit dem Tuch die Stirn. Dann fuhr sie ihr über den Nacken und den Hals und hörte mitten in der Bewegung auf. Sie starrte den Opal an, und Tamaris sah, wie alle Farbe aus ihrem Gesicht wich.
»Woher hast du ihn?« Barbaras Stimme war fast tonlos.
»Von meiner Mutter«, sagte Tamaris, »und sie hat ihn ...«
»... von einer Indiofrau auf dem Markt von Manu geschenkt bekommen«, ergänzte Barbara.
»Sie kennen Katharina?« Tamaris richtete sich in ihrem Bett auf und sah in Barbaras Gesicht, das immer noch aschgrau war. Sie faßte nach dem Handgelenk der älteren Frau. Die Berührung traf sie wie ein elektrischer Schlag. Einen Augenblick rang sie nach Atem, während sie das wilde Begehren spürte, das in ihrem Körper ausbrach, die Lust, sich mit Barbara zu teilen, sie zu berühren, sie zu lieben. Das Fieber schien in ein anderes Feuer überzugehen, das in ihr aufstieg und brannte.
Sie hielt noch immer Barbaras Handgelenk umklammert, als sie deren Stimme hörte, die von weit her durch das Feuer und die Empfindungen, die ihren Körper erfüllten, zu ihr drang. »Ja, ich kannte sie. Und ich hatte nicht gedacht, daß mich der Schmerz, den ich mit ihr verbin-

de, nach mehr als zwanzig Jahren noch einmal erreichen würde. Es ist so lange her, und ich war sicher, es ist vorbei, erledigt. Ich wußte nicht, daß du ihre Tochter bist. Ich sah nur die Ähnlichkeit, schon am Flughafen. Und alles war wieder da.«
Barbara weinte und fuhr fort: »Ich hätte dich gleich nach Hause schicken sollen. Es tut mir leid. Ich wußte nicht, wie damit umgehen, ich wußte nicht ...« Sie schluchzte. »Ich konnte nicht ...«
Tamaris beugte sich vor, legte ihre Hand an Barbaras Wange und sagte eindringlich: »Ich weiß nicht, was zwischen Katharina und dir geschehen ist. Ich weiß nicht, was dir so weh tut. Barbara, ich bin nicht Katharina, ich bin Tamaris, und ich möchte mich mit dir teilen, hörst du mich?«
Sie preßte ihre spröden, fieberhaften Lippen auf Barbaras Mund, schmeckte das Salz der Tränen und spürte, wie Barbaras Körper sich versteifte. Einen Augenblick fürchtete sie, die andere Frau würde sie von sich stoßen und alles wäre zu Ende. Aber im selben Moment nahm sie wahr, daß auch in Barbaras Körper das Feuer erwachte, zögernd und überrascht: »Wie nach einem langen Schlaf«, fuhr es Tamaris durch den Kopf. Barbaras Lippen gaben nach, wurden weich und öffneten sich. Tamaris Hände schienen überall gleichzeitig zu sein, lockend und fordernd, eindringlich und zärtlich. »Schenk mir den Schmerz, Barbara, und die Qual und den Zweifel. Schenk mir alles, was in deinem Körper hockt und lauert, laß es mich zum Tanzen bringen, bis es Freude ist und Glück und Weite.«
Tamaris flüsterte und lockte, und Barbara spürte, wie sie unter den wissenden Händen der jungen Frau schmolz,

ohne zu ahnen, daß diese Hände zum ersten Mal dieses Spiel spielten, nie zuvor einen anderen Körper ergründet hatten, nie zuvor mit solcher Glut und Zärtlichkeit berührt hatten.

Und dann war es Tamaris, die sich zum ersten Mal in ihrem Leben offenbarte, die Kraft ihres jungen Körpers, die sich fliegen fühlte, weit und stark im Wind von Barbaras Berührung. Die jede Zelle schwingen spürte, tanzend und wirbelnd. »Kannst du das Feld halten?« hörte sie von weit her Arelas' Stimme fragen, und sie sang ein glückliches »Ja, ja, ja« in die Himmel. Sie fühlte, wie sie der Baum wurde aus ihrem Traum, der den schwarzen Stein zwischen den Wurzeln barg, und wie der Stein zu singen begann und zu leuchten, wie ihr Körper ausgefüllt war von einem tanzenden Stein, wie sie der tanzende Stein wurde, Tanz wurde und langsam in Barbaras Armen zur Ruhe kam.

Nach einer Weile richtete sich Barbara auf einem Ellbogen auf, betrachtete Tamaris, fuhr mit einem Finger zärtlich ihre Lippen entlang und sagte: »Seltsam, jetzt erinnerst du mich nur noch an dich.«

Tamaris schlug die Augen auf. »Das will ich hoffen«, sagte sie. »Ich liebe Katharina sehr, aber sie muß nicht in all meinen intimsten Angelegenheiten ihre Nase haben.«

Von neuem begann Tamaris, behutsam und scheu, Barbaras Körper zu erforschen, und Barbara ließ sich unter ihren Händen treiben, wie Tang im Meer. Sie ergaben sich einander, hielten sich, ließen sich treiben in einer Flut von Empfindungen. Flammen, die sich aneinander entzündeten, Winde, die miteinander spielten, Wellen, die sich aneinander brachen, Körper, die einander begriffen.

»Nie hätte ich gedacht, daß es so sein würde«, sagte Tamaris nach einer langen Weile.
»Was sein würde?« fragte Barbara schläfrig.
»Lieben«, sagte Tamaris.
»Wie meinst du das?« fragte Barbara.
»Wie ich es sage. Nie hätte ich gedacht, daß lieben so sein würde.«
Barbara war hellwach, starrte Tamaris an und sagte langsam und ungläubig: »Willst du damit sagen, es war das erste Mal?«
Tamaris lachte und schmiegte sich an Barbara. »Du mußt nicht erschrecken, es war wunderschön. Und es ist bestimmt nicht das letzte Mal.« Sie rieb ihren Kopf an Barbaras Schulter.
»Wie kannst du so wissend sein, wenn es das erste Mal ist?«
»Ich bin nur der Sprache deines Körpers gefolgt, es war ganz einfach«, sagte Tamaris.

Drei Spiegel hingen in der Halle. Tamaris sah sich in allen. Wenn sie es war. Wenn sie wirklich Tamaris war. Im Dämmerlicht erkannte sie sich. Tamaris in jeder Zeit. Eine Tanzende. Blaue Nebel hingen zwischen den Zeiten. Immer tanzte sie. Bewegungslos. Ließ sie sich tanzen. Wirbel von Farben durchzogen ihre Körper, veränderten Formen, die sie war. Farbtöne schwangen in ihren Knochen, knüpften Fäden zwischen aller Zeit. Räume verblaßten und gaben Ausblicke frei. Architektur aus Silben und Gesten, die Pendel glichen Rhythmik, Pulsationen, die zu neuen Räumen wurden. Ein Augenblick in drei Spiegeln und der Ruf einer Eule. Berührungspunkte. Der Atem des gegenwärtigen Körpers. Webschiffchen, das die Fäden durch die Spiegel zog.

Farbtöne. Tanz. Blaue Nebel zwischen den Zeiten. Sie beugte sich vor, um besser zu sehen. Verblassende Spiegel. Sie fiel.

Barbara hielt sie. Sie hörte sie sprechen. Verstand kein Wort. Rang nach Atem. Der Fall schien alle Luft aus ihren Lungen zu pressen.
»Tamaris, hörst du mich. Es ist gut.« Barbara strich ihr über die schweißnasse Stirn. Sie atmete stoßweise, bis die beruhigende Gegenwart des Frauenkörpers an ihrer Seite in ihr Bewußtsein drang.
»Es war nur ein Traum. Es war nur ein Traum«, hörte sie Barbara murmeln. Es klang wie eine Beschwörungsformel.
Sie lachte leise. »Traumtänze, Barbara. Sie sind wirklich. So wirklich wie du und ich hier.« Sie seufzte. Sie spürte, wie Barbaras Hände sich um ihre Arme krallten. Plötzlich war sie hellwach und starrte in das angstverzerrte Gesicht der Geliebten.
»Nein, nein, sie sind nicht so wirklich, das sind sie nicht. Sie werden dich genauso von mir fortreißen, wie sie Katharina fortgerissen haben. Tamaris, hör auf damit. Wir sind hier in einem kleinen Hotel in Island. Du hast Fieber. Wir sind hier, um Fotos zu machen. Sie werden in einem Reisejournal abgedruckt. Das ist Wirklichkeit. Mein Körper neben deinem in diesem Bett, das ist Wirklichkeit. Tamaris, ich will dich nicht wieder verlieren.« Barbara schluchzte.
»An Wolfstänze, an Traumtänze. An Träume, die du ohne mich träumst. Ich will dich nicht wieder verlieren. Wozu träumt ihr, wozu tanzt ihr? Genügt es nicht, hierzusein, genügt es nicht, zu fotografieren, was du sehen

kannst? Genügt es nicht, eine wirkliche Frau in ihrem wirklichen Körper zu lieben? Warum ist es nicht genug, genug?« Barbara weinte hemmungslos.

Tamaris starrte sie an. Dieselben Sätze hatte sie damals auf der Insel gesprochen. Dieselbe Angst hatte sie umklammert gehalten. Sie sah auf die Hände an ihren Armen hinunter, die sie so fest hielten, daß die Knöchel weiß hervortraten.

»Meine Schwester Angst«, flüsterte sie, »meine geliebte Schwester Angst.«

Vorsichtig löste sie sich aus der Umklammerung. Barbara ließ es widerstandslos geschehen. Tamaris spürte, wie alle Gefühle, die sie bisher gekannt hatte, ihren Körper verließen, wie jeder Gedanke, jede Meinung das Haus ihres Körpers verließ, wie sich Vorstellungen, denen sie nachgehangen hatte, davonmachten, sich aus ihren Zellen lösten und Raum gaben.

»Das Denken der meisten aus dieser Zeitebene ist eine lächerliche Ansammlung von Meinungen. Geistige Intelligenz ist etwas anderes, und die ist durch ein bißchen Fieber nicht lahmgelegt.« Sie hörte die Stimme der alten Wolfstänzerin. Sie sah Barbaras zusammengesunkenen Körper, sah, wie das krampfhafte Weinen ihn schüttelte. Sie spürte, wie in ihrem eigenen Körper der schwarze Stein erwachte, der am Abend zuvor in ihren Zellen zu singen begonnen hatte.

Und im sanften Licht dieses Gesangs sah sie Barbaras Körper auf eine neue Weise. Sie sah Erinnerungen, die wie harte Kristalle gegen die Zellwände schlugen und sich nicht zu lösen vermochten. Sah die Qual in gewundenen, verzerrenden Formen sich winden. Und ohne darüber nachzudenken, griffen ihre Hände zu, tauchten durch die Haut der anderen Frau und lockten die Angst und die Erinnerungen an die Oberfläche. Einen Augenblick lang tauchte ein Gedanke auf: »Es ist absurd, sie jetzt zu lieben«, und verschwand hinter der Gewißheit, daß Teilen die wirklichste Möglichkeit des Heilens war. Wie am Abend zuvor lockte sie, forderte Barbara auf, Qual und Schmerz und Erinnerung zu schenken. Gleichzeitig aber griffen ihre Hände in die Zellen, zeigten den Kristallen, wie sie tanzen konnten, ohne an die Zellwände zu schlagen, gaben der Qual Wege, die sie aus der Ausweglosigkeit führten. »Was hast du verloren, Barbara, was ist es, was es wiederzufinden gilt?«

Katharinas kalkweißes Gesicht tauchte vor ihr auf.
Warum kommst du nicht mit mir, Barbara? Weshalb beängstigt dich das Tanzen? Ich werde eine Tochter haben, ich weiß es. Ich habe es im Tanz gesehen. Komm mit mir, Barbara.
Sie schlug ihr ins Gesicht. Soll ich zusehen, wie du dir einen Mann nimmst, damit du eine Tochter haben kannst? Soll ich dabeisein, würde es dir gefallen? Ich will mit dir leben, ich will mit dir fotografieren, ich will mit dir auf die Straße gehen für unsere Rechte. Was willst du noch von mir? Ich kann nicht. Ich weiß nicht, wozu. Es ist absurd. Warum machst du so einen Zirkus mit Tanzerei und Träumen und Plan und anderen Welten aus allem? Warum sagst du nicht einfach: Ich will ein Kind. Ich will das sein, was diese Gesellschaft unter einer richtigen Frau versteht. Und du kannst es mir nicht machen. Warum sagst du es nicht einfach?
Sie sah Katharinas Augen. Den Schmerz darin, die Stummheit. Sie wußte, in ihren Augen war derselbe Schmerz, dieselbe Stummheit.

Katharina verblaßte. Nebel und Rauch und ein nagender Schmerz blieben. Sie fand sich in einer Landschaft wieder, Wiesen in voller Sommerblüte, ein Wald, auf den sie zulief. Der weite schwere Leinenrock schlug ihr beim Laufen gegen die Beine. Sie rannte, daß ihr die Lungen brannten. Ihr Körper war voller Vorfreude und Spannung, voller Ungewißheit und Unruhe gleichzeitig. Das Versteck im Wald war leer. Sie sah sich suchend um.
Marian saß am Fuße der alten Eiche und sah ihr mürrisch entgegen. Abweisend und feindselig. Betroffen blieb sie stehen.
Der Inquisitor ist im Dorf, sagte Marian. Sie sah sie nicht an. Mein Bruder hat gedroht, wenn ich dich noch einmal allein treffe, wird er mich anzeigen.
Barbara ging auf sie zu. Marian wich zurück. Faß mich nicht an. Ich werd's ihm sonst sagen. Ich will nicht auf dem Scheiterhaufen brennen. Verstehst du das nicht?
Barbara starrte sie ungläubig an. Willst du dich lieber verraten? Glaubst du, das hat eine gerettet?
Marian warf trotzig den Kopf in den Nacken. Ich heirate nächste Woche. Simon hat meinen Bruder gefragt. Ich werde es überleben. Sie stand auf und ging.
Barbara blieb. Sie spürte die Kälte in ihren Körper kriechen. Sie legte sich in das Versteck. Hier hatten sie bei Artemis geschworen, sich nicht zu trennen. Barbara hatte von Artemis durch ihre Großmutter, die alte Hebamme, gehört. Die Göttin der Wildnis, die Göttin der Tiere war sie gewesen, die Göttin der Hebammen in jeder Welt. Die Göttin der Frauen, die Frauen lieben. Sie hatten es geschworen.
Die Großmutter war eine der ersten gewesen, die in den Flammen starben. Und obwohl sie sie geschunden und gefoltert hatten, hatte sie nichts zugegeben von all dem Unsinn,

den sie ihr zur Last gelegt hatten. Barbara war nicht hingegangen, als die Großmutter brennen mußte. Die Mutter war besorgt nach Hause gekommen, nicht zornig und nicht unglücklich wie Barbara, nur besorgt. Die Großmutter hatte noch auf dem Scheiterhaufen ein Lied angestimmt und Artemis gepriesen. Trotzig das Erbe aufrechterhalten. Die Mutter hatte Angst, die Schergen könnten auf sie kommen und sie holen, als Tochter von so einer, wo man nicht weiß, ob sie nicht auch so ist. Aber sie war doch ganz anders, versicherte sie. Ganz anders.

Das warme Moos konnte sie nicht trösten. Ihr war kalt vor Einsamkeit und Enttäuschung, und Bitterkeit nagte an ihr wie Würmer an verwesendem Fleisch. Artemis, flüsterte sie, und Großmutter. Aber nichts rührte sich. Keine half. Und sie wußte, daß sie nicht wie Großmutter noch auf dem Scheiterhaufen einen Gesang anstimmen würde. Sie hatten sie verlassen. Sie war allein. Sie ließen zu, daß Marian heiratete aus Angst vor dem Feuer.

Sie blieb in ihrem Versteck, bis sie sie fanden, Marians Bruder und seine Gefährten. Marian hatte das Versteck verraten, aus Angst vor dem Feuer. Sie schlugen sie und zerrten sie vom Moos. Die anderen hielten sie fest, und Marians Bruder riß ihr die Kleider vom Leib. Seine Augen funkelten erregt und spöttisch, als er ganz langsam seine Hosen auszog. Das ist die richtige Art, du lüsternes Weib. Ich zeig' dir, was richtig ist, damit du es weißt, bevor du krepierst, sagte er. Sie versuchte, sich zu wehren. Aber Marian hatte sie verraten, und sie hatte keine Kraft mehr und keinen Glauben. Unten das Richtige hinein und oben das Falsche heraus, johlten die Burschen.

Und während einer nach dem anderen über sie herfiel, schlugen ihr die anderen den Kopf so lange an einen Stein, bis sie nichts mehr spürte. Nur noch ein Krachen und das johlende Gelächter in den Ohren sank sie in einen Ozean aus Hoffnungslosigkeit.

Tamaris spürte, wie ihr die Tränen über die Wangen liefen. Sie war in einer so starken Verbindung mit Barbara, daß es ihr schien, als würden die Erinnerungen aus ihrem eigenen Körper aufsteigen. »Kannst du das Feld halten?« hörte sie wieder von weit einen Stimme. »Helft mir, verbindet euch mit mir«, sandte sie aus, ohne in der Verbindung zu Barbara nachzulassen, ohne aufzuhören, mit ihren Händen die Erinnerungskristalle in Schwingung zu versetzen. »Schwester Angst, Schwester Entsetzen, Schwester Schmerz, willkommen, singt eure Lieder. Willkommen.«

Ihre Hände tanzten ihnen entgegen, kein Zittern durchlief sie. Heilerinnenhände, Tänzerinnenhände. Ihre Augen waren blind von den Tränen, die Barbaras Erinnerungen in ihr auslösten. Sie liefen ihr über die Wangen den Hals hinunter, bildeten kleine Seen in den Schlüsselbeinen und liefen dann über, um über ihre Brüste abzurollen. Sie ließ sie laufen.

Sie nahm Katharina wahr, Arelas, Olga und die alte Wolfstänzerin, zu der die Flechten sie geführt hatten, Artemisia von den Kore-Inseln, Wermutbüsche und Beifußpflanzen, aus denen die Kraft der wilden Frau aufstieg, Bärinnen in ihrem Mitwissen und ihrem Zorn gesellten sich zu ihr und die Wölfin, die ihr die Kraft gab, weiter zu tanzen, nicht nachzulassen, nicht zu versinken in Mitleid, sondern das Feld des Mitgefühls, des Teilens aufrechtzuerhalten, das Begehren aufrechtzuerhalten, das Willkommen aufrechtzuerhalten.

Jemand schob sie vor sich her. Unsanft und grob und voller Angst, das konnte sie spüren. Aber sie nahm auch die eigene Angst wahr und die Verwirrung, die sie mit den Gefährtinnen teilte, und ein Entsetzen, das von den Priesterinnen aus dem Tempel zu ihr drang. Sie kannte das Entsetzen aus ihren Träumen. Seit Monaten träumte sie, daß die Horden kamen und die Priesterinnen töteten, daß sie den Tempel zerstörten und die Haine Baum für Baum schlachteten. Jetzt waren die Träume Gegenwart geworden. Sie hatte niemals von sich selbst geträumt. Was ihr bevorstand, mußte die Gegenwart zeigen. Sie sah die Zelte der Horden. Der Anblick war fast vertraut, so oft hatte sie davon geträumt. So oft war sie schweißnaß von diesen Bildern aufgewacht, daß sie jetzt fast unberührt davon blieb. Alles hatte sie schon viele Male gesehen.
Der Mann stieß sie vor sich her. Die Furcht, die er in ihrer Gegenwart empfand, war ein stechender Geruch in ihrer Nase. Eine Zeltplane wurde zurückgeschlagen, und sie wurde hineingeschoben. Drinnen stand ein Riese. Neugierig sah er sie an. Das also ist die Träumerin, sagte er. Du wirst von jetzt an für uns träumen. Seine Stimme klang einschmeichelnd und scharf zugleich. Sie hätte gerne gelacht. Wie sollte sie Träumen, wenn sie nicht verbunden war. Wenn sie sich nicht mit dem Hain verbinden konnte, mit den Priesterinnen, mit der Kraft der Göttin? Sie wollte es sagen, aber sie spürte, daß ihre Zunge lahm war und ihr eine innere Stimme verbot, von der Verbindung zu sprechen. Sie blieb stumm.
Er schien diese Stummheit als Zusage zu verstehen, tätschelte sie auf die Wange. So ist es brav, wir werden dir nichts tun, wenn du für uns träumst. Die Berührung war unangenehm, unaufrichtig, voll verborgener Angst und voller Haß gleichzeitig.

Sie können selbst nicht träumen, dachte sie. Sie denken, sie könnten mich gebrauchen, als wäre ich ohne die anderen traumfähig. Wieder spürte sie den fast unwiderstehlichen Drang zu lachen ob soviel Dummheit.
Sie erhielt ein Zelt neben seinem. Träume für uns, sagte er. Seine Stimme klang drohend.
In ihrem Zelt lag sie still. Sie spürte, wie die lebendigen Körper der Gefährtinnen verloschen, das Orakel verwaiste. Sie sträubte sich zu sehen, wie es geschah. Es war grausam genug, die Verarmung im eigenen Körper wahrzunehmen.
Dann entschwand die Verbindung mit dem Hain. Sie hatte Schmerzen. Sie weigerte sich, zu träumen und zu schlafen, zu essen und zu sprechen. Er drohte weiter. Er schlug. Sie schwieg. Sie war jeder Grundlage beraubt, jeder Verbindung entrissen. Wenn sie jetzt träumen würde, würde sie all die grausamen Todesarten träumen, die den Gefährtinnen widerfahren waren, würde die Bäume schreien hören.
Sie wollte nicht träumen. Wozu? Es war geschehen. Sie wußte es in ihrem Körper, ohne einen Schritt vor das Zelt zu tun. Zaere hatte sie gelehrt, wie sie sich im Notfall von ihrem Traumkörper lösen konnte. Sie verabschiedete sich.
Jetzt war sie ein junges Mädchen ohne jede weitere Begabung. Sie war nicht sicher, ob sie damit gerettet hatte, was zu retten ihr kostbar erschien.
Nach Wochen der Drohungen und des Schlagens hatte er begriffen, daß sie nicht für ihn träumen würde. Er überließ sie seinen Sklaven. Er selbst hatte immer noch diese geheime Furcht, sie könne ihn verzaubern.
Die Sklaven waren anfangs ebenfalls von dieser Furcht erfüllt. Aber nachdem der erste sie genommen hatte, ohne sichtlichen Schaden davonzutragen, wurden sie mutiger. Sie zog sich aus ihrem Körper zurück, bevor sie alles miter-

leben mußte. Sie suchte die Gefährtinnen, sie suchte ihren Traumkörper. Zaere hatte ihr nicht gesagt, wie sie sie finden könnte. Verloren. Ausgelöscht.
Sie spürte eine sanfte Berührung. In ihrer Erschöpfung begriff sie nichts. Eine Stimme sagte: Sie ist entzweigerissen. Bette sie gut. Sie wird viele Zeit-Räume durchwandern, bis sie sich wiederfindet.
Und uns, sagte eine Stimme, die ihr vage vertraut schien.

Tamaris erwachte aus traumlosem Schlaf. Als erstes nahm sie Abwesenheit wahr. Dann wurde ihr klar, daß Barbara nicht neben ihr lag. Die Erinnerungen, die sie mit ihr geteilt hatte, überfluteten sie. Sie setzte sich auf und sah sich um. Sie sprang aus dem Bett, warf sich eine lange Bluse über und lief zu Barbaras Zimmer. Auch hier war Barbara nicht. Sie lief zum Fenster. Der Wagen war weg. Sie stand und starrte. Nach einer Weile, die sie, ohne zu denken, ohne eine Regung zugebracht hatte, suchte sie ihr eigenes und Barbaras Zimmer nach einer Botschaft ab. Nichts. Sie zog sich an, ging in die Küche, fragte die rundliche Köchin, ob sie Barbara gesehen hätte, und erfuhr, daß sie im Morgengrauen weggefahren sei. Nein, sie hatte nichts hinterlassen.
Sie ging zurück in ihr Zimmer. Sie setzte sich aufs Bett und dachte nach. Barbara war erschöpft in ihren Armen eingeschlafen. Sie selbst hatte noch ein paar Dankesworte gemurmelt an alle, die ihr geholfen hatten. Dabei mußte sie fast lachen. Es hatte nicht unähnlich den kleinen Segenssprüchen und zeremoniellen Worten geklungen, die sie als Mädchen bei Katharina so peinlich und altmodisch gefunden hatte. Dann war auch sie eingeschlafen, erschöpft wie Barbara und glücklich, so sicher, daß alles

gut sein würde, gelöst und zusammengefügt gleichermaßen.
Sie hatte keine Ahnung, wie lange sie einfach so saß. Ohne jeden Gedanken, ohne jedes Gefühl. Irgendwann registrierte sie, daß sie offensichtlich kein Fieber mehr hatte. Sie lachte höhnisch. »Es war alles nur ein Fiebertraum. Nur ein Traum. Nicht wirklich. Traumtanzen ist nicht so wirklich wie ein Frauenkörper. Nicht wahr, nur mein persönlicher Fiebertraum.«
Sie erinnerte sich, daß vor unendlich langer Zeit Barbara zu ihr gesagt hatte, daß sie ohne sie weiterfahren würde. Sie sollte hier gesund werden. Barbara wollte in der Zwischenzeit ohne sie arbeiten. Alles andere mußte sie geträumt oder phantasiert haben. Es war nicht wirklich. Auch das hatte Barbara gesagt, daß Träume nicht so wirklich sind. Aber wann, wann hatte sie das gesagt, in ihren Fieberphantasien oder vorher oder überhaupt nicht? Doch alles war so deutlich. Ihr Körper fühlte sich an, als ob diese Träume dort ihre Spuren hinterlassen hätten. In ihrem Körper war diese Zeit Wirklichkeit. Sie nahm den kleinen Reisewecker in die Hand und starrte ihn an. Fünf Uhr. Eine Weile begriff sie die Bedeutung nicht. Dann wurde ihr klar, daß sie fast einen ganzen Tag einfach auf ihrem Bett gesessen und vor sich hingestarrt hatte.
Sie stieg die Treppen hinunter zur Küche, holte sich einen Apfel und verließ das Haus. Sie versuchte, die alte Wolfstänzerin zu finden, aber sie wußte auf eine merkwürdige Weise, daß es ihr gehen würde wie Barbara mit ihrer Großmutter oder Artemis. Sie würde allein bleiben. Sie ging zum Wasserfall. Das Wasser donnerte in die Tiefe, Regenbögen standen über der Schlucht. Sie setzte

sich auf einen bemoosten Felsen und hörte dem Wasser zu. Zuerst schien alles ein einziges Donnern und Gischten zu sein. Sie versuchte, in ihrem Körper die Wahrnehmung von Verbundenheit wiederzufinden, die sie in der vorigen Nacht mit Pflanzen und Frauen und Tieren erlebt hatte. Wenn alles nur ein Traum gewesen war, dann hatte er ihr mindestens diese Möglichkeiten gezeigt.
Das stetige Rauschen und Donnern machte sie schläfrig. Das Moos unter ihrem Körper war weich. Es glich einer Einladung, sich mitten in tosender Bewegung auszuruhen, der Erschöpfung Raum zu geben, die neuen Erfahrungen in den Körperzellen weiterschwingen zu lassen. Sie ließ sich in den Schlaf treiben, die Regenbögen umtanzten sie. Sie fühlte sich geborgen. »Also doch nicht verlassen«, dachte sie. Dann schlief sie ein.
Irgendwann schob sich ein Arm zwischen ihre Schultern und das warme Moos. »Komm ins Haus, du wirst sonst wieder Fieber bekommen.« Barbara hielt sie im Arm. Sie lehnte ihre Stirn an Barbaras Brust. Es war also nicht alles im Traum geschehen.
Auf dem Rückweg erzählte ihr Barbara, wie sie aufgewacht war, wie sie sich geschämt hatte, weil sie soviel von sich preisgegeben hatte. Ja, sie wußte selbst, es war lächerlich, aber die Scham war überwältigend gewesen, ein Gefühl von Nacktheit, das ihr unerträglich schien. Und gleichzeitig die Erschütterung, die Verwirrung, die die Erinnerungen in ihr ausgelöst hatten. Sie mußte allein sein. Sie lächelte unsicher. Sie hatte fotografiert. Mit neuen Augen gesehen, Schönheit und Schmerz. »Vergib mir, daß ich einfach ging«, sagte sie.
Tamaris schmiegte sich wortlos an sie. »Ich verspreche dir, dich immer wieder zu verlassen«, dachte sie. Es war

ein Satz aus einem Buch, das sie vor langer Zeit in der Bibliothek der Inselschule gelesen hatte.
Sie hatten sich am Flughafen getrennt. Hatten sich wortlos in die Arme genommen. Sie würden sich wiedersehen. Keine sprach davon, wann. Tamaris war nach München zurückgekehrt. Ihre Wohnung war fremd, die Stadt, die Freunde und Freundinnen. Selbst mit Nele konnte sie nicht über ihre Erfahrungen sprechen, ohne einzusehen, daß eine nicht zu überbrückende Distanz blieb. Die Zeit hier war vorbei.
Sie fühlte sich abgeschnitten von Flechten und Moosen, von Haut und Tieren, von der Wildnis in ihrem Inneren und von der Wildnis draußen. Sie wußte, sie mußte einen Schritt tun, aber sie spürte auch, daß dieser Schritt auf sie zukommen mußte. Sie saß an ihrem kleinen Küchentisch und schob die Kaurimuscheln, ein Geschenk von Arelas, hin und her. Arelas konnte damit orakeln. Tamaris spielte mit ihnen, schob sie über den Tisch, warf sie in die Luft, sah zu, wie sie mit der geöffneten oder geschlossenen Seite auf den Tisch zurückfielen. »Los, ihr siebengescheiten Wolfstänzerinnen, jetzt, wo ich gerne einen Rat hätte, einen Wegweiser für die Fortsetzung meiner Reise, seid ihr stummer als jeder Fisch.« (Wenn Fische stumm waren, was bezweifelt werden konnte.)
Sie spielte mit dem Gedanken, für eine Weile auf die Insel zu fahren, nach Jahren einfach nach Hause, und ließ ihn wieder fallen. Sie saß vor dem Atlas, schlug willkürlich eine Seite auf, Südamerika. Aber was sollte sie da? Barbara hatte ihr die Fotos, die sie in Island gemacht hatte, geschickt. Viele waren gut geworden. Vielleicht sollte sie noch einmal nach Island fahren. Aber auch diese Idee fiel wieder in sich selbst zusammen.

Die Tage flossen dahin, mit kleinen Aufträgen, mit den täglichen Verrichtungen, die sie »überleben« nannte. Manchmal erfaßte sie eine heiße Sehnsucht nach Barbara. Aber eine unerklärliche Scheu hielt sie davon ab, einfach zu ihr zu fahren. »Ich muß herausfinden, was mein nächster Schritt ist. Ich kann doch nicht einfach vor ihrer Türe stehen.« Sie hatte keine, mit der sie all das besprechen konnte.
Arelas besuchte sie auf der Durchreise. Tamaris atmete auf. Sie erzählte ihr alles, ihre Reise nach Island, die Erfahrungen mit Barbara, ihre Sehnsucht, ihr Gefühl, nicht einfach hinfahren zu können.
Arelas lachte. »Du warst lange nicht auf der Insel, Chica. Sonst würdest du Barbara einfach anrufen und fragen. Es ist einfach, ehrlich miteinander zu sein. Wirklich. Weshalb solltest du erst etwas ›leisten‹, erst genau wissen, wohin du gehst, bevor du sie sehen und spüren darfst? Vielleicht wartet sie genau wie du auf ein Signal. Mach das Leben nicht komplizierter, als es ist. Und außerdem ist es ein Mangel an Mut. Du könntest natürlich auch erfahren, daß sie nicht dieselben Wünsche hat. Du könntest dir eine ›Abfuhr‹ holen. Aber auch dann wüßtest du mehr.«
Tamaris gab ihr recht. Sie fürchtete sich davor, daß Barbara ganz und gar nicht begeistert sein könnte, daß Island eine Zeit war, die nicht mehr zurückkehrte, und daß in Zürich kein Platz für sie in Barbaras Leben sein könnte.
Arelas erzählte ihr, was sie, Katharina und Olga damals, als sie ihre Verbundenheit so stark gespürt hatte, selbst wahrgenommen hatten. Katharina, so erzählte Arelas, hatte sie, Tamaris, als erste wahrgenommen. Sie war erstaunt darüber, wie anders Tamaris' Verbindungswege

waren als ihre eigenen, wenn sie tanzte. Aber sie hatte eindeutig gespürt, daß Tamaris tanzte. Und dann hatten alle drei wahrgenommen, daß sie um Verbundenheit und Teilen bat. Sie hatten die Verbindung aufgenommen, so wie Tamaris sie in jener Nacht auch gespürt hatte. Und allmählich wußten die drei auch, was dort geschah.
Katharina hatte noch einmal die Trennung von Barbara erlebt, und auch in ihr hatten sich danach Bilder gelöst, die sie in ihren Erinnerungskammern festgehalten hatte. Auch auf der Insel waren Tränen geflossen, aus anderen Schmerzen gelöst, mit anderen Erfahrungshintergründen. »Die erlaubte Wissenschaft nennt solche Phänomene ein morphogenetisches Feld.« Arelas lachte. »Sie können es nicht Sinnlichkeit nennen, und schon gar nicht erotisches Feld, das würde bei der Schmalspurphantasie, mit der Sexualität behaftet ist, zu völlig pervertierten Vorstellungen führen.«
Sie redeten, bis der Morgen graute. Arelas hatte Tamaris vorgeschlagen, doch mit ihr zu reisen. Sie hatte eine Reihe Vorträge und Ausstellungseröffnungen, bis hinauf nach Skandinavien. »Wenn du nichts Wichtigeres vorhast, begleite mich doch«, hatte sie gesagt, bevor sie beide eingeschlafen waren.
Tamaris war gegen Mittag wach geworden. Sie betrachtete Arelas schlafendes Gesicht. Es wäre schön, mit ihr zu fahren, sie einfach zu begleiten, heimatliche Vertrautheit. Aber je länger sie darüber nachdachte, desto klarer wußte sie, daß sie das Angebot nicht annehmen würde. Sie stand auf und ging ans Telefon, wählte Barbaras Nummer und wartete gespannt.
»Barbara S.« — Ihr Herz klopfte bis zum Hals. »Tamaris«, sagte sie, »ich würde gerne zu dir kommen, Barbara.«

Einen Augenblick war Stille in der Leitung. Sie hörte Barbaras Atem und dann ein warmes Lachen.
»Wann kommst du?« Erst jetzt spürte sie, daß sie selbst den Atem angehalten hatte.
»Heute. Ich weiß noch nicht, mit welchem Zug.«
»Wann mußt du unbedingt wieder zurücksein?«
»Gar nicht«, wollte Tamaris sagen, aber dann sagte sie schnell: »In sechs Wochen vielleicht.«
Wieder das Lachen. »Pack Sommersachen ein, wir fahren zusammen nach Malta.«
Tamaris starrte den Hörer an. »Wie lange können Sie an einem Stück wandern, ohne zu jammern?« hörte sie die Stimme aus dem Telefon.
»Lange«, sagte sie, »und schweigend.«
»Lieben Sie Komfort?«
»Ja, aber ich kann gut darauf verzichten.« Sie lachte.
»Dann bis heute abend«, sagte Barbara. »Rufen Sie mich an, wann Sie in Zürich ankommen, ich hole Sie vom Bahnhof ab.«
Sie hatte aufgehängt, bevor Tamaris noch ein Wort zu ihr sagen konnte. Sie drehte sich um und sah Arelas im Türrahmen stehen. Arelas grinste. »Direkt und einfach, oder?«
»Ja«, sagte Tamaris strahlend, »und erwünscht.«
Sie rief die Zugauskunft an. 14 Uhr 30 ging ein Zug nach Zürich. Sie sah auf die Uhr. Es war kurz nach zwölf. Sie hatte zwei Stunden. »Ist es sehr unhöflich, Arelas?« fragte sie, und Arelas nickte.
»Es ist sehr unhöflich, aber was sollte ich mit deiner Höflichkeit. Hast du einen zweiten Schlüssel? Ich schick' ihn dir zurück, wenn du wieder in München bist.« Arelas nahm sie lachend in die Arme. »Glaubst du, ich bin

schon so alt, daß ich deine Ungeduld nicht verstehen könnte?«
Die Stunden im Zug schienen endlos. Auf dem Bahnhof in Zürich sah sie Barbara von weitem. Sie ließ einfach die Koffer fallen und rannte los. Die ersten Tage in Zürich verflogen im Nu. Barbara hatte alle ihre Termine verschoben. Sie hatten leichtsinnige Tage nur für einander, zum Lieben und Reden. Sie besuchten Freundinnen von Barbara, hatten hitzige Debatten über Frauen und Politik, Spiritualität, Kunst, Wirksamkeit. Barbara gestand ihr dieselbe Scheu, anzurufen und zu sagen, sie wolle Tamaris sehen. Sie hatte sich nur andere Gründe zurechtgelegt, weshalb sie es nicht wagen konnte. Jetzt konnten sie herzlich darüber lachen.
Sie bereiteten die Reise nach Malta vor. Diesmal war es kein Auftrag. Barbara wollte die Tempel fotografieren, die wie riesige, steinerne Frauenleiber auf den Felsen lagen. Sie lagen nebeneinander auf dem Teppich, Bücher über Malta vor sich. Barbara schmiegte sich an Tamaris und sagte zärtlich:
»Seit die Erinnerungen frei sind, brauche ich die Augen nicht mehr zu verschließen vor all den Vergewaltigungen, die all den Frauen, all den Tempelkörpern, all den Pflanzen und Tieren widerfahren sind und widerfahren. Mein Zorn ist frei, mein Auge sieht Schönheit und Verstümmelung gleichermaßen. Ich fotografiere seither anders. Und ich werde eine Ausstellung machen, die all den Wahnsinn zeigen soll, den Schmutz, die Entwürdigung, die Besetzung, das Profitieren, die Verlogenheit, mit der sie Geschichte interpretieren, und die Unverletzbarkeit und Schönheit, die Unvergänglichkeit und Kraft der Orte gleichermaßen. Dasselbe möchte ich mit Bäumen ma-

chen und mit Frauen — Analogien — gestern wie heute. Ich konnte das nie gleichzeitig sehen. Als Fotografin war ich auf Schönheit geeicht, als lesbische Frau sah ich all das andere.« Sie sah Tamaris an. »Dann hab' ich mich betrunken. Es war ein Schmerz, der nie enden wollte, den ich nur ertränken konnte.«
Sie deutete auf einen wunderschönen Schrank. »Darin ist meine Bar. Seit Island habe ich selten getrunken und nie wieder wegen dieses nagenden, zu betäubenden Schmerzes. Vorher hätte ich meine eigenen Bilder nicht ausgehalten, wenn sie den Irrsinn einfangen, vorher war ich, sobald ich all das sah, von einem rasenden, ohnmächtigen Schmerz überwältigt. Jetzt habe ich einen wilden, kreativen Zorn entdeckt. Ich danke dir.«
»Ich war es nicht allein«, sagte Tamaris leise. Sie hatten nie zuvor über diese Nacht in Island gesprochen. Jetzt erzählte Tamaris Barbara von den Verbundenheiten, die sie getragen hatten. »Und schließlich«, sagte sie lachend, »hast du mich aufgeweckt, hast du mir selbst den Weg dahin geöffnet.«
»Die schlafende Göttin«, sagte Barbara und zeigte Tamaris ein Bild, das die schlafende Göttin von Malta darstellte. Aufmerksam betrachtete Tamaris das Bild. »Es ist Zeit, daß sie erwacht«, sagte sie, »bevor dieser Planet völlig zerstört ist. Wie bist du auf Malta gekommen?« fragte sie Barbara neugierig.
»Durch einen Traum«, Barbara errötete. »Ich habe meinen Traumkörper wieder.« Sie sah jung aus, berührbar und unsicher, als gäbe sie sich mit dieser Bemerkung der Lächerlichkeit preis. »Es ist so neu für mich und immer noch so wenig sicher. Manchmal denke ich, ich bilde mir alles nur ein. Wenn hier die Freundinnen gefragt haben,

habe ich ihnen erzählt, daß ich eine Fotoausstellung machen möchte. Das ist ein realistisches Argument. Ich konnte nicht sagen, ich hab's geträumt. Ich muß dahin. Ich kann es nicht erklären. Ich bringe es nicht über die Lippen, verstehst du.«

Tamaris nickte. »Katharina hat immer gesagt, daß manche Dinge nicht ausgesprochen werden sollen in einem Feld, das nicht dazu bestimmt ist. Nachdem ich die Insel verlassen hatte, wußte ich erst, was sie meinte. Ich hatte vorher nie erlebt, daß eine lächerlich fand, was eine andere geträumt, gesehen, wahrgenommen, gerochen oder gefühlt hatte. Obwohl«, sie lächelte Barbar zaghaft an, »das stimmt nicht, ich selbst fand manche Dinge lächerlich und angsteinflößend und peinlich. Ich kannte deine Angst damals auf Island. Es waren fast dieselben Sätze, wie ich sie gebraucht hatte, bevor ich die Insel verließ.«

Barbara wollte alles erzählt bekommen, und Tamaris erzählte von der Insel, von ihrem Entschluß zu gehen, von ihrer Abwehr gegenüber Katharinas und der anderen Frauen Reisen; von ihrer Angst, als sie spürte, daß sie eingebettet war und selbst reiste. Von ihrer Begegnung mit Artemisia von den Kore-Inseln, von der alten Wolfstänzerin, zu der die Flechten sie geführt hatten. Barbara hörte ihr aufmerksam zu.

»Woher hast du dein Vertrauen, Tamaris? Woher weißt du, daß du Angst und Schmerz als Schwestern begrüßen kannst, daß du ihnen helfen kannst, sich zu verändern und kreative Kraft zu werden?«

»Von den Inselfrauen«, sagte Tamaris, ohne nachzudenken. »Ich mußte nichts verstecken, keinen Schmerz, keine Angst, keine Wut. Sei einfach, sagte Katharina, dann kannst du sehen und bist nicht geblendet. Einfach sein hieß, nichts zu verstecken, zum Beispiel. Wenn eine Unbehagen empfand, so konnte sie das äußern. Selbst wenn es ihr selbst noch so unbegründet erschien. Sie wurde ernst genommen, und eine roch meistens, was es wirklich war. Ich erinnere mich an einen Winter, den wir in den Alpen zubrachten. Eines Abend hatte ich entsetzliche Angst. Katharina ging Hand in Hand mit mir vor das Haus und schnupperte in der Luft. Ich war ein kleines Mädchen, klammerte mich an Katharina und wollte keinen Schritt ohne sie tun.

›Es sind viele wilde Wesen unterwegs‹, sagte sie. ›Deine Angst ist eine aufmerksame Schwester. Dein kleiner Mädchenkörper wäre ihnen nicht gewachsen. Wenn du erst eine Frau bist, kannst du dich ihnen nähern und unterscheiden lernen, welche du beherbergen möchtest und welchen du helfen kannst, sich aus ihrer destruktiven Gestalt zu befreien. Sie sind hungrig, die Menschen schenken ihnen zu wenig Aufmerksamkeit. Sie tun so, als wären sie nicht miteinander verbunden. Das entkräftet uns alle, sie und uns Menschen auch.‹

Wir gingen ins Haus zurück. Katharina füllte eine kleine Schale mit Nüssen und Gerste und brachte sie nach draußen. Dann brachte sie mich ins Bett.

›Wo sitzt deine Schwester Angst?‹ fragte sie mich, und ich deutete dorthin, wo mein Sonnengeflecht sitzt. Sie berührte die Stelle und sagte zärtlich: ›Danke dir, Schwester, du bist sehr aufmerksam.‹«

Tamaris dachte nach, dann sagte sie: »Es gab noch etwas, was Katharina immer sagte. Es war ein Sprichwort, das sie von einer Medizinfrau in Südamerika gehört hatte. Es hieß: Wenn du dein Bündel packst, packe es nicht in Verwirrung. Wenn ich verwirrt war, kam sie, nahm meine

Hand und sagte: ›Erzähle.‹ Sie unterbrach mich nie, bis ich alles losgeplappert hatte. Dann sagte sie: ›Bei welcher Gelegenheit hat dein Unbehagen begonnen? Welcher Augenblick war es, als die Verwirrung begann?‹
Ich hatte schnell gelernt, in meinem Körpergefühl rückwärtszugehen, durch alle die Verknotungen und Verwirrungen hindurch bis zu dem Augenblick, wo es begann. Und meistens war es eine Situation, die tatsächlich nicht ›einfach‹ gewesen war und wo ich in der Situation nicht klar gehandelt hatte. Alles danach war Verwirrung und Meinungen-Bilden und Durcheinander. Verstehst du, es ist einfach, wenn die Verwirrung drei Stunden alt ist oder einen halben Tag. Aber nachdem ich die Insel verlassen hatte, traf ich fast nur auf Menschen, deren Verwirrung Jahre alt war, die immer mit doppelten und dreifachen Botschaften herumliefen und sich für ›realistisch‹ hielten. Und die obendrein nicht gelernt hatten, auch Energien und Strömungen wahrzunehmen, die sie nicht greifen konnten. Ich habe manchmal gedacht, ich würde verrückt. Ich konnte ja mit keiner meine Wahrnehmungen überprüfen. Damals war ich drauf und dran, zurückzukehren. Und gleichzeitig wußte ich, daß ich es nicht konnte, daß ich meinen eigenen Weg finden mußte.«
Eine Weile schwiegen sie beide, dann sagte Tamaris nachdenklich: »Komisch, ich hab' mir selbst niemals so klargemacht, was ich alles an Handwerkszeug mitbekommen habe von Katharina und den anderen Frauen und Mädchen, mit denen ich die ersten 15 Jahre meines Lebens zugebracht habe. Ich würde gerne die Insel besuchen«, sagte sie.
»Wir sind nicht weit entfernt, wenn wir auf Malta sind«, sagte Barbara, »und vielleicht ist auch für mich die Zeit gekommen, Katharina wiederzutreffen.«

III

Tamaris und Barbara

Das Netz

Reisen und Träumen

Malta

6.

Gibt es einen Grund zu träumen?

Die Pfoten der Wölfin klopfen an Pforten.
Die Träumerin öffnet die Tore.
Wirklichkeiten begegnen einander. Gestern und Morgen tanzen hinter der Maske des Jetzt.

Tamaris hatte sich einen Roller geliehen. Es war ihr erster Tag allein auf der Insel. Sie wollte zur Mnajdra fahren, einem Tempel über dem Meer. Als sie Valletta verlassen hatte, genoß sie den Wind und die Sonne. Sie sang vor sich hin. In Tarxien verlangsamte sie ihre Fahrt ein wenig. Sollte sie in den unterirdischen Tempel gehen und in das Orakelloch sprechen? Sie fuhr weiter. Heute würde es die Mnajdra sein, drei Tempel-Frauen-Körper, in denen sie sich zu Hause fühlte. Der Picknickkorb hinter ihr auf dem Gefährt versprach einen schönen Tag ohne jeden Verzicht. Genügend zu trinken, genügend zu essen, genügend Papier zum Zeichnen, genügend Filmmaterial. Die Straßen wurden schmal und staubig. Ockerfarbene Häuser und gelbbrauner Sand vermittelten ihr den Eindruck, am Rande einer Wüste zu sein. Nur hier und da, wie Oasen, kleine grüne Flächen, Anbau von Gemüse und ein wenig Obst, seltene Bäume. Daneben Militärgelände. Stacheldrahtumzäunte Riesengebiete. Überall präsent, unübersehbar, unüberhörbar, ein brutales Zerschneiden und Asphaltieren von kilometerlangen Landflächen. Und dennoch auf eine irrwitzige Weise unwirklich, Phantome aus einem schlechten Film. Dahinter alte Dörfer, deren Häuser in einem merkwürdigen Stil weder ganz arabisch noch ganz in der Tradition anderer Mittelmeerhäuser fremdartige Vertrautheit vermittelten.

Als sie die letzten Häuser hinter sich gelassen hatte, wurde die Straße noch staubiger, schmaler, verlassen. Müllhalden stanken erbärmlich. Zerfallene Tempel und lebendige Verwesung nebeneinander. Sie schob den Roller hinter einen dürren, staubverkrusteten Strauch und ging zu Fuß weiter. Sie lief am großen Tempel Hagar Qim vorbei, einen steinigen Pfad entlang, abwärts auf die Mnajdra zu. Oben hörte sie den Singsang einer Reisebegleiterin, die ihrer Gruppe etwas über die prähistorische Tempelanlage erzählte. Weiter unten war alles ruhig, bis auf das Gezwitscher einiger Vögel und das Rascheln von Eidechsen, die verschwanden, bevor sie sie sehen konnte.

Vor der Schwelle zögerte sie einen Augenblick. Der mächtige Stein zu ihren Füßen war blank und glatt von all den Füßen, die seit Jahrtausenden darübergelaufen waren. Anstatt einfach hineinzugehen, drehte sie sich spontan um und überschritt die Schwelle rückwärts. Sie kicherte bei der Vorstellung, jemand könnte ihr zusehen. Die Leute hätten sie sicher für ein bißchen verrückt gehalten. Sie machte ein paar Schritte rückwärts in den Tempel hinein und drehte sich dann um. Vor ihr lag ein großer Stein in der Sonne, einladend, um sich darauf auszustrecken, warm von der Tageshitze und mit einer flachen Mulde versehen, in die ihr Körper genau hineinpaßte. Sie streckte sich darauf aus, ließ den Korb neben sich stehen und starrte in den Himmel.

Sie seufzte wohlig. Es war richtig gewesen, die eigenen Wege zu gehen. Die letzten Tage waren anstrengend verlaufen. Sie waren aus dem gemeinsamen Zauber von Zürich hierher aufgebrochen. Die ersten beiden Tage hatten sie schlendernd und neugierig gemeinsam die Insel erkundet, das Meer genossen und sich in dem gemieteten

Häuschen eingerichtet. Dann wollte Barbara los. Sie war wie eine nervöse Stute vor dem Start gewesen. Tamaris hatte sie begleitet und versucht, mit ihrem Tempo Schritt zu halten. Sie hätte gerne verweilt, wo Barbara weitergelaufen war. Sie spürte Wesen und Botschaften, die sie aufnehmen wollte, aber Barbara war mit rascher Intensität hierhin und dorthin geeilt, bis Tamaris angespannt und unmutig wurde und dennoch versucht hatte, die spielerische Gemeinsamkeit der letzten Wochen aufrechtzuerhalten.
Aber die Leichtigkeit und Selbstverständlichkeit, in der sie zusammengelebt hatten, fraglos und glücklich, wollte sich nicht einstellen. Je mehr sie beide es versuchten, desto gereizter wurde Barbara, während Tamaris sich gequält fühlte, so als könne sie den Stimmen und dem Wispern, das sie überall vernahm, nicht folgen. Nachts versuchten sie die Vertrautheit wiederherzustellen, aber es gelang ihnen nicht. Ihre beiden Körper verströmten ein Gemisch aus Verzweiflung und Hilflosigkeit, das schwerer zu ertragen war, als sich nicht zu berühren. In der letzten Nacht hatten sie endlich darüber gesprochen. Und nachdem sie sich weinend in den Armen gelegen hatten, schien die Nähe und das Vertrauen ineinander wieder aufzutauchen. Danach war es einfach zu begreifen gewesen, daß sie beide unterschiedliche Wege gehen mußten, sich von unterschiedlichen Motiven leiten ließen. Sie verabredeten, daß jede ihre Tage allein gestalten sollte und daß sie sehen wollten, wie es sein würde, sich abends zu begegnen.
Tamaris wunderte sich, wie schwer es war, aus dieser spielerischen Nähe, die ihr so schnell als selbstverständlich galt, aufzutauchen und eigenständige Bewegungen zu ma-

chen, ohne das Alleinsein als Verlust zu erleben. »Ich verspreche dir, dich wieder zu verlassen. Immer wieder, immer wieder.« Sie murmelte die Sätze wie Beschwörungen vor sich hin. Nur gut, daß ich tanzen gelernt habe, dachte sie. Es gibt schließlich keine neuen Bewegungen, wenn eine an der alten festhält. »Das haben wir gut gemacht, Barbara«, sagte sie laut, »anstatt uns zu streiten – obwohl wir nahe daran waren.« Sie seufzte zufrieden und genüßlich, schloß die Augen und ließ ihre Hände über den Stein unter sich gleiten. Er fühlte sich warm und lebendig an. Er schien zu atmen. Sie versuchte, sich mit ihrem Atemrhythmus anzupassen. Der Stein unter ihr hob und senkte sich, sie hob und senkte sich mit ihm, einatmen, ausatmen, einatmen, ausatmen. Die Sonne wärmte sie beide. Einatmen, ausatmen. Die Stille rundum dehnte sich in ihre Atemzüge hinein, einatmen, ausatmen. Heben und Senken, Heben und Senken, Ebbe und Flut, Tag und Nacht, Nähe und Ferne, Weite und Dichte. Ein Rhythmus, Ineinandergreifen, einatmen, ausatmen. Sie trieb auf diesem Atemstrom dahin.

»Wohin?« fragte sie. Und eine Stimme, deren Körper ihr verborgen blieb, sagte: »Komm.« Sie eilte der Stimme nach. Unterirdische Gänge, die in einem dunklen Licht erstrahlten. Manchmal roch sie Wasser. Irgendwo brach sich krächzendes Gelächter an den Wänden und machte sie schaudern. Aber sie zögerte nicht, folgte der schweigenden Stimme. »Wen jagt sie, wen jagt sie, wen jagt sie?« Die Frage schien von überall her zu kommen. »Die Träumerin, sie weckt die Träumerin!« »Schnell!« sagte die Stimme, und Tamaris lief, leichtfüßig und behende. Sie bog um eine Ecke und blieb geblendet stehen. Vor ihr lag riesengroß die schlafende Göttin. Sie wußte,

daß es die Schlafende war, obwohl sie in nichts dem Bild glich, das Barbara ihr gezeigt hatte. Sie war groß wie ein Haus, kein Fleisch war auf ihren Knochen, und die Knochen strahlten in einem gleißenden Weiß. Die Rippen hoben und senkten sich, einatmen, ausatmen.
Die knöchernen Hände spielten mit drei Kugeln, warfen sie im Rhythmus des Atems in die Luft, schwarz, weiß, rot, fingen sie auf und warfen sie wieder. Endlos hatten sie sie geworfen.
»Schnell«, sagte die Stimme wieder. Tamaris griff nach der roten Kugel.
»Ich spiele mit dir«, sagte sie zur Träumerin und fing die Kugeln und gab sie zurück, warf und fing, warf und fing.
»Wach auf, Träumerin«, sagte sie, warf und fing.
»Durch das Begehren weckt ihr mich«, sagte die Träumerin, ihre Knochen begannen in allen Regenbogenfarben zu schimmern.
»Wenn ihr den immerwährenden Traum der Frauen begehrt, weckt ihr mich«, sagte die Träumerin, und ihre Knochen leuchteten schimmernd und pulsierend.
»Ein Gewand für die Träumerin!« rief Tamaris. Die Zeit wurde durchsichtig, der Raum bog sich in Unendlichkeiten. Sie sah Wolfstänzerinnen in allen Zeit-Räumen, die am Gewand der Träumerin webten, aus Farben und Tönen, aus Moos und Gestein, aus Knochen und Werg, aus Fell und Flachs, aus Sternenlicht und Herdfeuern. Tamaris hatte ein Drängen im Körper und Prickeln auf der Haut.
»Ihr habt alle Zeit, die ihr braucht. Arbeitet schnell«, sagte die Träumerin und verblaßte.

Einatmen, ausatmen. Einatmen, ausatmen. Ein kühler Luftzug streifte Tamaris Haut. Sie schlug die Augen auf.

Noch immer lag sie auf dem Stein, atmete auf ihre Weise, der Stein schien stumm. Sie starrte zum Himmel hinauf, in dessen Weite Sterne schwammen und eine dünne Sichelmondin eine neue Phase von Zeit beleuchtete. Von weitem hörte sie das Gebell eines Hundes. und Männerstimmen, die sich näherten. Sie packte ihren Korb und drückte sich in eine Tempelnische. Der Hund jagte an ihr vorbei, schien sie nicht zu riechen. Die Männer stapften lachend in den Tempel. Einer verrichtete seine Notdurft vor der großen Altarplatte.
»Komm schon«, sagte der andere ungeduldig. »Wir wollen sehen, ob wir nicht ein paar Kaninchen erwischen.«
»Eine Frau wäre mir lieber«, lachte der erste. Dann verließen sie den Tempel.
Tamaris blieb in ihrem Versteck, bis sie die Stimmen nicht mehr hörte. Sie hastete den Weg hinauf bis zur Straße, wo ihr Roller im sicheren Versteck stand. »Schnell, große Göttin, schnell, bevor es zu spät ist«, flüsterte sie und leckte sich die Tränen mit der Zunge von den Lippen. Sie fuhr durch die Nacht, vorbei an den erleuchteten Häusern, vorbei an endlosen Stacheldrähten, durch die belebten Straßen von Valletta, bis sie zu ihrem Häuschen kam. Barbara stand in der Tür. Sie stellte den Roller ab und ging auf sie zu.
»Ich wollte gerade zur Polizei gehen«, sagte Barbara.
»Es ist alles gut«, sagte Tamaris und nahm sie in die Arme. »Alles ist gut.«
Sie gingen ins Haus, und Tamaris erzählte Barbara von ihrem Erlebnis. Eine Weile saßen sie still, dann fragte Barbara: »Was ist dieser Traum der Frauen?«
Tamaris schüttelte den Kopf. »Er hat viele Gestalten und viele Namen tragen sein Geheimnis. Ich glaube, du mußt

selbst gehen, um zu wissen. Durch das Begehren wecken wir sie, durch das Begehren wird der Traum wach. Die Träumerin«, sagte sie, »wir müssen sie wollen. Das ist der Weg dorthin.«

Die Nacht war lau, und so beschlossen sie, noch eine Weile auf der Dachterrasse zu verbringen. Barbara holte Gläser, goß Orangensaft und Campari ein und hielt eines davon Tamaris hin. Sie saßen schweigend, sahen in die Sterne und rochen das Meer. Die Stadt unter ihnen wurde langsam ruhig. »Ich habe heute kein einziges Foto gemacht«, sagte Barbara in die Stille. »Und ich war mindestens so gereizt wie die Tage davor.« Sie grinste Tamaris entschuldigend von der Seite an. »Es hatte offensichtlich wenig mit dir zu tun.«

Tamaris lachte. »Wunderbar. Das weißt du jetzt jedenfalls. Was ist es dann, was dich gereizt und unruhig macht?«

Barbara schüttelte den Kopf. »Ich weiß es nicht. Alles, was ich weiß, ist, daß ich mich angespannt fühle, unruhig, überhaupt nicht kreativ. Ein Zustand, den ich nicht gut ertrage.« Sie wandte sich Tamaris ganz zu und lächelte ein kleines verlorenes Lächeln. »Ich hatte es mir ganz anders vorgestellt, einem Traum zu folgen. Ich hatte gedacht, daß ich, entzückt und angeregt von deiner Gegenwart, vor Kreativität bersten und die aufregendsten Fotos meines Lebens machen würde. Statt dessen fühle ich mich weinerlich, unbrauchbar und gereizt!«

Tamaris stand auf, ging an den Rand der Terrasse, blickte eine Weile hinunter auf die Lichter der Stadt und drehte sich dann zu Barbara um. »Magst du mir deinen Traum erzählen?« fragte sie.

Barbara zuckte mit den Schultern. »Ja, schon, wenn du glaubst, daß es etwas bringt. Es war nichts Großartiges.«

Tamaris lachte. »Immerhin so einschneidend, daß du nach Malta fahren wolltest.«
Barbara lachte mit. »Also gut, du Quälgeist, ich erzähl' ihn dir, vielleicht bist du ja so schlau und weißt, was er bedeutet. Es war eine der Nächte, in denen ich wach lag, um in endlosen Kreisen darüber nachzudenken, ob ich dich einfach anrufen kann oder nicht. Ob eine so junge Frau an einer so alten wie mir Interesse haben kann und so weiter und so weiter, all das krause Zeug, das eine so denkt, um nichts zu tun. Dann muß ich wohl eingedämmert sein, jedenfalls war da plötzlich diese Stimme, erinnerst du dich, diese Stimme aus meinen Erinnerungen, die sagte: ›Bette sie gut. Sie ist zerrissen, sie wird viele Zeiträume durchwandern, bevor sie sich wiederfindet.‹ Und eine andere, die ich zu kennen glaube, sagte ›und uns‹.
Ich hörte dieses Gespräch noch einmal. Näher als damals in Island, so als ständen beide an meinem Bett. Die, die als letzte gesprochen hatte, lachte und sagte: ›Sie hat sich ihren Traumkörper wieder angezogen, vielleicht können wir sie jetzt auch erreichen.‹
Ich versuchte immerfort die Augen zu öffnen, um zu sehen, wer neben meinem Bett stand, aber ich konnte es nicht. Es war zum Verzweifeln. Ich wußte, sie standen da. Ich kannte sie. Ich wußte ganz genau, daß ich sie kannte. Ich hatte solche Sehnsucht, sie wieder zu treffen, aber ich konnte die Augen nicht öffnen, um sie zu sehen. Ich weiß nicht, wie sie aussehen, ich habe es vergessen. Ich versuchte zu sprechen, um ihnen zu sagen, daß ich sie wahrnahm und daß sie mir helfen sollten, die Augen zu öffnen, oder mich einfach anfassen, damit ich mich durch die Berührung erinnere. Ich konnte

nicht sprechen, meine Zunge war wie in einer Schraubzwinge.
Die erste sagte: ›Laß ihr Zeit. Wir werden sie auf Malta treffen.‹ Dann verschwanden sie, und ich begann zu träumen.
Ich schwebte ein wenig über einem Dampfer, der von Sizilien aus nach Malta fuhr. Ich wußte das einfach, keine Ahnung, woher. Es war ein ganz normaler Liniendampfer. Es war Nacht. An Deck stand eine Frau und sang. Sie sang ein Lied über das Wiederkehren nach Jahrtausenden, es war stolz und glücklich und traurig und kämpferisch zugleich. Während sie sang, liefen ihr Tränen über das Gesicht. Ich konnte nicht sagen, ob aus Trauer oder aus Glück. Als die Lichter des Hafens von Valletta auftauchten, nahm sie einen kleinen Schlangenring mit einem roten Stein vom Finger und warf ihn im hohen Bogen ins Meer. ›Wir sind wieder da. Wir sind wieder da!‹ rief sie.
Ich glitt hinter dem Ring ins Wasser. Er fiel langsam, drehte sich um sich selbst, fiel weiter. Der Ring fiel zwischen Seeanemonen und verschwand im Sand. Ich wollte nach oben schwimmen, weil ich dachte, es war umsonst. Der Ring ist eben einfach im Sand verschwunden, Da hörte ich neben mir eine uralte Stimme sagen: ›Ah, es sind also doch ein paar auf dem Weg. Du solltest auch gehen, es wird Zeit für dich, wenn du dich und uns wiederfinden willst.‹
Sofort war die Sehnsucht nach den beiden Frauen, die an meinem Bett gestanden hatten, wieder da. Ich versuchte nach oben zu schwimmen, schnell, um nichts zu versäumen, und murmelte immer wieder: ›Ja, ich such' sie, ja, ich such' sie.‹

Die uralte Stimme kicherte an meinem Ohr und sagte: ›Du sollst doch nicht suchen, du sollst finden. Wenn du so ruderst, wird das Wasser trübe, so findet eine doch nichts.‹

Das war's, danach bin ich wohl in einen traumlosen Schlaf gefallen. Aber morgens war alles noch sehr deutlich, und ich habe daraufhin beschlossen, hierherzufahren.«

Barbara sah Tamaris erwartungsvoll an. Tamaris nippte andächtig an ihrem Campari. »Hm«, machte sie, »das einzige, was ich verstehen kann, ist, daß du nicht so rudern sollst, weil du sonst nicht finden kannst, was du finden möchtest. Rudern heißt auch Fotografieren um jeden Preis und herumrennen. Vielleicht solltest du einfach mal ohne Fotoapparat ans Meer gehen und dich von den Wellen schaukeln lassen.« Sie dachte einen Augenblick nach. »Alles andere ist auch für mich vorerst rätselhaft.«

Es wurde kühl. Die beiden Frauen verließen die Terrasse und beschlossen, ins Bett zu gehen. Tamaris war schläfrig und entspannt, Barbara, die neben ihr lag, konnte sich von ihrer gereizten Stimmung nicht lösen. Nach einer Weile fragte sie: »Was bedeutet für dich Begehren, Tamaris?«

Schwerfällig und vom beginnenden Schlaf schon umhüllt, drehte Tamaris sich zu Barbara. »Mit dieser süßen, heißen Weite im Körper jemanden oder etwas herbeiwünschen.«

Sie legte den Arm um Barbara und murmelte: »Schlaf, schlaf, laß die Dinge auf dich zukommen. Wie willst du deinem Traumkörper gerecht werden, wenn du nichts aus der Hand geben kannst?«

Dann war sie selbst eingeschlafen, während Barbara wach

lag und wütend flüsterte: »Meine Güte, wie gescheit. Ich habe nicht gelernt, etwas aus der Hand zu geben. Ich habe gelernt, für mich selbst zu stehen, die Dinge selbst zu tun, für mich selbst zu sorgen, aktiv zu sein, gut zu sein, besser als andere zu sein. Wie, verdammt noch mal, soll ich mich jetzt wohlig ausstrecken und die Dinge auf mich zukommen lassen?«

Sie konnte nicht schlafen. Sie schob Tamaris' Arm beiseite und stand auf, zog sich warm an und ging wieder hinauf aufs Dach, um den Sternen zuzusehen, wie sie blasser wurden und im Meer versanken.

Langsam wurde sie ruhiger. »Ich brauche mir und ihr nichts zu beweisen, auch nicht, daß ich die tollste Träumerin bin und sich meine Träume sofort bewahrheiten.« Sie ging hinunter ins Haus, packte ihre Kameraausrüstung zusammen, hinterließ Tamaris einen Zettel, daß sie bereits unterwegs sei, und trat hinaus in den kühlen Morgen.

Sie hatte keine Lust, zu den Tempeln zu gehen. Sollte doch Tamaris mit unsichtbaren Wesen sprechen, sich auf Steine legen, die atmeten, berührt sein von Tempelkörpern. Sie fühlte eine Wut in sich aufsteigen, unberechtigt, das wußte sie, und dennoch sehr real. Sie hatte keine Lust, hinter irgendeinem Phantom herzurennen, Träumerin oder sonstwie geheißen. Sie schüttelte sich. Sie würde an den Hafen gehen, normalen Menschen bei der Arbeit zusehen, einen Kaffee trinken, herumsitzen, Schiffen zusehen, wie sie einliefen und fortfuhren. Sie würde sich einen hinter die Binde kippen. Sie grinste. Diesmal nicht wegen eines unaushaltbaren Schmerzes, sondern weil sie abschütteln wollte, worin sie sich fast verfangen hätte, heilige Schauer vor Orakellöchern, Ehrfurcht vor uralten Steinen, Sehnsucht nach zwei Stimmen ohne Körper. Schluß damit. Sie war Barbara S. und Fotografin und wollte Bilder von Malta machen. Ihr Traum mochte sie hierhergeführt haben. Jetzt war sie da, ihre Augen sahen Tageslicht, nicht Schemen unsichtbarer Wirklichkeiten.

Sie trottete noch immer halb trotzig, aber vergnügt in Richtung Hafen. Die Stadt war noch still, aber sie war sicher, dort unten bei den Schiffen würde Leben sein, Gelächter, Gefeilsche und Geschrei.

In einem kleinen Café tranken Fischer und Marktfrauen ihren ersten Kaffee, und sie gesellte sich dazu. Niemand beachtete sie. Sie stand einfach da, schlürfte ihren Kaffee und hörte den fremden Lauten um sich herum zu. An einem der vereinzelt im Raum stehenden Tischchen saß eine alte Frau und schlief, den Kopf in die Arme gestützt. Sie hätte sie gern fotografiert, aber der Schlaf, die Ungeschütztheit darin, machte sie scheu, und so ließ sie es. Manchmal war die Kamera ein schreckliches, pistolenartiges Geschöpf, das ungefragt in das Leben anderer Menschen eindrang. So spürte sie es nicht oft, aber manchmal überkam sie ein Schrecken, während sie fotografierte, so als würde sie in die Intimität und Integrität anderer Menschen einbrechen und ihnen die Einmaligkeit der vergänglichen Augenblicke ihres Lebens stehlen. In solchen Momenten begriff sie die Menschen, die sich nicht fotografieren lassen wollten, weil sie glaubten, Fotografie sei schlechte Magie und würde ihnen die Seele rauben.

Sie stellte ihre Tasse auf den Tresen, legte das Geld daneben und verließ den kleinen Laden. Auf dem Weg weiter hinunter zu den Schiffen begann sie eine der mitgenommenen Kameras auszupacken. Die eben noch vorhandenen Skrupel waren verschwunden, und sie spürte das alte Fieber, wenn ihr Blick sich schärfte und sie fotografierte, während sie jede Zeit und jedes Essen vergaß. Menschen und Schiffe, die Morgensonne, Kisten mit sonderbaren Fischen, die sie nicht kannte, Gemüsekarren. Sie jagte mir ihrer Kamera. Licht und Schatten, Menschengesichter, lachend, ernst oder wütend, und gestikulierende Hände, zwei Marktfrauen, die Körbe mit den Gemüsen zum Verkauf noch auf dem Kopf, ins Gespräch vertieft.

Sie bewegte sich zwischen all dem wie ein Schatten, der kommt und nimmt und schon wieder verschwunden ist, bevor die Irritation des Beobachtetseins ins Bewußtsein der Leute vorgedrungen war. Sie liebte diesen Zustand, nur Auge zu sein, von einem Bild zum anderen geleitet zu werden, aufzunehmen, und den Augenblick festzuhalten mit diesem schnellen Klick ihrer Kamera. Eine Straßenkatze, die sich im Morgenlicht verschlafen räkelte, ein verträumtes Gesicht, das sich aus dem Fenster beugte, ein Hofeingang, der noch halb im Dämmerlicht lag.

Als sie aufhörte zu fotografieren, hatte sie sich unversehens weit vom Hafen entfernt. Sie stand in einer Gasse, in der der Morgen noch nicht Einzug gehalten hatte. Alles war still. Einen Augenblick sah sie sich verwundert um, dann lachte sie über sich selbst. Es war typisch. Sie hatte keine Ahnung, wie sie hierhergekommen war. Sie hatte sich nicht nach Straßen und Häusern orientiert, sondern nur nach den Bildern, die ihr Auge gefesselt hatten. Jetzt würde sie mühsam zurückfinden müssen. Neben ihr ging eine Haustüre auf, vier Frauen traten heraus. Sie sahen nicht wie Insulanerinnen aus, und als sie an

ihr vorbeigingen, hörte sie eine von ihnen deutsch sprechen.
»Wir sollten den Bus nehmen und dann lieber zu Fuß gehen, ich fahre kein einziges Mal mehr mit einem der Militärautos.«
Eine zweite nickte, und Barbara hörte noch, wie sie sagte: »O.k., du hast recht.« Dann waren die Frauen um eine Ecke gebogen und ihren Blicken entzogen. Sie stand und spürte, wie eine Gänsehaut über ihren Rücken zog. Die Stimme der zweiten Frau kannte sie aus ihrem Traum. Es war dieselbe Stimme, die auf dem Schiff gesungen hatte, aber die Frau dazu sah ganz anders aus. Sie schüttelte sich. »Du bildest dir das ein«, sagte sie scharf zu sich selbst, aber ihre Füße setzten sich in Bewegung, so als hörten sie nicht auf ihren Verstand, und sie folgte den Frauen.
Die, deren Stimme sie erkannt zu haben glaubte, war bei weitem die älteste unter den vieren. Sie war groß und stämmig und schritt rasch aus. Das Gesicht, das sie einer der anderen zuwandte, war scharf im Profil gezeichnet, kühl und von fast indianischen, zumindest südamerikanischen Zügen. Die Frau, die zuerst gesprochen hatte, mochte ihre Tochter sein, eine schöne junge Frau in Tamaris' Alter, dunkles gerades Haar, das auf die Schultern fiel und im Sonnenlicht rote Nuancen zeigte. Sie war groß und schlank, ihr Gesicht hatte nicht die Kühle der älteren Frau, als sie sich zu ihr drehte und lachend irgend etwas sagte, aber die Ähnlichkeit war nicht zu übersehen. Ihr Gang glich dem von Tamaris, wenn sie fröhlich war, tänzerisch und leicht.
Die dritte Frau war klein und zierlich, und ihr kupferrotes Haar sprang in ungebändigten Wellen um ihren

Kopf, sobald sie sich bewegte. Ihr Gesicht blieb Barbara verborgen. Die rostbraune Kleidung war auf ihr Haar abgestimmt, und ihr Gang war rasch und zielstrebig. Die vierte Frau hätte von hinten ebensogut ein Mann sein können. Sie holte mit großen Schritten aus, die Hände in den Hosentaschen, den Kragen des Sporthemdes hochgestellt, mit ein wenig Distanz zu den anderen, so als liefe sie eher zufällig neben ihnen her. Ihr Haar war kurz geschnitten und schwarz, bis auf einzelne graue Strähnen, die verrieten, daß sie nicht mehr ganz jung war. Alle vier trugen lederne Beutel, die offensichtlich von Hand bestickt waren. Die Beutel waren prall gefüllt, und von Zeit zu Zeit wechselte eine der Frauen den ihren von einer Schulter auf die andere.

Barbara blieb in gebührendem Abstand, aber immer so, daß sie sie nicht aus den Augen verlor. Ganz plötzlich drehte sich die älteste nach ihr um, sah ihr in die Augen, bis sie vor ihr stand, und fragte dann ganz ruhig und selbstverständlich: »Wollen Sie etwas?«

Barbara schluckte und stotterte. »Nein, ich hatte mich nur beim Fotografieren verlaufen, und bin Ihnen dann gefolgt, weil ich dachte, ich fände aus dem Labyrinth von Gassen auf diese Weise am besten heraus.«

Jetzt blickten sie alle vier aufmerksam an. Sie spürte, wie sie rot wurde.

»So«, sagte die Frau, die sie angesprochen hatte. Sie lächelte nicht, und auch die anderen standen ohne jede erlösende Geste einfach vor ihr. »Wo wollen Sie hin?« fragte die mit den kurzen schwarzgrauen Haaren in Zürichdeutsch. Und nachdem die Frauen sahen, wie sich auf Barbaras Zügen die Überraschung ausbreitete, brachen sie in ein ansteckendes Gelächter aus. Sie standen zu

fünft mitten auf der Straße und lachten, bis ihnen der Atem ausging. Barbara japste nach Luft, während sie fragte: »Sie kommen aus der Schweiz?« Ihre Handbewegung umschloß die kleine Gruppe von Frauen.
»Nein, nicht alle, nur ich.« Die schlaksige Gestalt verbeugte sich leicht. »Ich heiße Iren. Und diese beiden Damen«, sie sprach das Wort »Damen« gedehnt und ein wenig spöttisch, während sie auf die ältere Frau und ihre Tochter zeigte, »kommen aus der Bundesrepublik, und Ragnasdotter kommt aus Island.« Die rothaarige Frau strahlte Barbara jetzt freundlich an und nickte.
»Ich heiße Barbara und komme aus Zürich, wie Sie ja offensichtlich gleich erkannt haben.«
»Ja«, sagte Iren, »woher Sie kommen war nicht schwer zu erraten, aber wohin wollen Sie?« Wieder sahen die vier Barbara ruhig und erwartungsvoll an.
Sie zuckte mit den Schultern. »Wenn ich den Hafen finde, finde ich nach Hause«, sagte sie vage.
Sie wunderte sich selbst darüber, daß sie keine genaueren Auskünfte gab. Ihre Antwort schien die vier jedoch wieder aufs äußerste zu erheitern. Sie lachten, bis ihnen die Tränen über die Wangen liefen, und Ragnasdotter wiederholte kichernd ihren Satz: »Wenn sie den Hafen findet, findet sie nach Hause.« Barbara verstand nicht, was daran so komisch sein sollte, und fühlte sich ob der Heiterkeit der anderen merkwürdig unbehaglich, durchschaut und verspottet. Ein Gefühl, das sie zuletzt als Kind gehabt hatte.
Bevor sie jedoch abweisend werden konnte, nahm die ältere Frau sie am Arm. »Machen Sie sich nichts draus«, sagte sie. »Es hört sich nur so an, als ob Sie in Rätseln sprechen.«

»Wenn wir den Bus nehmen wollen, müssen wir uns beeilen. Und der Bus fährt nicht vom Hafen ab.« Die jüngere sah Barbara herausfordernd an.
»Ich werde den Weg schon finden. Lassen Sie sich von mir nicht aufhalten.« Barbara kam sich erneut unbehaglich und deplaziert vor.
»Kommen Sie mit«, sagte die ältere. »Das ist zwar nicht der Weg zum Hafen. Aber möglicherweise führt er nach Hause.« Sie lächelte. »Ich heiße übrigens Ellen, und das ist meine Tochter Ruth.« Mit einer leichten Kopfbewegung deutete sie auf die junge Frau. Keine wartete auf ihre Antwort.
»Also dann los«, sagte Iren, und die Gruppe setzte sich rasch in Bewegung. Barbara ging einfach mit. Plötzlich wurde ihr klar, daß sie gar nicht wußte, wohin die Frauen gingen. Es schien gleichgültig zu sein. Sie konnte und wollte nicht umkehren. Sie bestiegen einen Bus. Barbara sah nicht einmal auf das Schild, das anzeigte, wohin sie fuhren. Die anderen Frauen schienen alle in ihre Gedanken versunken. Keine sprach, aber es war ein angenehmes Schweigen, und Barbara genoß es, einfach dazusitzen, nicht zu wissen, wohin es ging und von Zeit zu Zeit die Frauengesichter an ihrer Seite zu betrachten.
Sie stiegen aus und setzten ihren Weg zu Fuß weiter fort. Nach einer Weile mündete der Weg in einen Pfad. Barbara hatte den Abzweig übersehen. Kaum jemand schien hier noch einen Fuß hinzusetzen. Auch der Pfad endete, und die Frauen begannen über Felsen zum Meer zu klettern. Sie folgte ihnen. Sie kamen in eine kleine Bucht voller weißem Sand. Eine Grotte führte in den Fels, das Wasser brach sich in kleinen Wellen, bevor es darin verschwand.

Ellen und Iren begannen, mit Besen einen Kreis im Sand zu fegen. Ragnasdotter breitete am Rande des gefegten Kreises Steine aus, die sie aus ihrem Beutel holte. Barbara und Ruth saßen nebeneinander am Strand und sahen zu, Ruth dösend und scheinbar unbeteiligt, Barbara erstaunt und aufmerksam.

»Hast du Lust, mit uns zu träumen?« Iren sah Barbara schelmisch an.

»Wie meinst du das?« Barbara spürte, wie ihre Nackenhaare sich aufstellten.

»Na ja, wie ich es sage. Zaere hat es uns doch allen beigebracht.« Sie drehte sich nach ihrem Beutel um, als hätte sie eben das Selbstverständlichste von der Welt gesagt.

»Zaere?« Barbara hielt den Atem an. »Zaere ist seit mehr als dreitausend Jahren tot!«

»Trotzdem hat sie es uns beigebracht, oder nicht?« Iren sah Barbara an und lachte.

Barbara blickte in das lachende Gesicht und begann unvermittelt zu weinen. »Bitte, Iren, sag mir, wer ihr seid und woher ihr von Zaere wißt und was ihr hier macht!«

Iren kniete sich vor sie, nahm Barbaras Gesicht in beide Hände und sagte sanft und zärtlich: »Wir sind alle ihre Schülerinnen. Wir vier hier haben eine Verabredung mit anderen Träumerinnen, die an anderen Orten zur selben Stunde träumen. Und wir wußten, daß wir dich treffen würden. Wenn du willst, werden wir dir helfen, dich zu erinnern, was Zaere dich gelehrt hat.«

Barbara barg ihren Kopf an Irens Schulter und weinte. Sie schämte sich dafür. Irgendwo in einem Teil ihres Kopfes dachte sie, daß es albern ist, so zu weinen. Sie war schließlich erwachsen. Sie wußte nicht einmal genau, weshalb sie weinte. War es Glück, Erleichterung oder Schrecken?

Sie wischte sich die Tränen mit dem Handrücken vom Gesicht und seufzte.
»Ich verstehe nichts, Iren. Zaere ist tot, schon lange. Woran ich mich damals auf Island erinnert habe, ist sicher zwei- oder dreitausend Jahre her. Ich weiß noch nicht einmal, ob es wirklich meine eigenen Erinnerungen waren oder etwas, das ich einfach gesehen habe, gespürt, durchlebt. Zaere ist ein Name für mich, ein Klang, der Zärtlichkeit und Vertrauen auslöst und Respekt. Ich habe keine Erinnerung an diese Frau in ihrer Gestalt. Ich verstehe nicht, wie ihr von mir wissen könnt. Und wie kann es sein, daß Zaere eure Lehrerin gewesen war oder ist?«
Ragnasdotter setzte sich zu ihnen. »Ich habe dein Erinnern geträumt. Wir haben dich gebettet, weißt du noch. In einer anderen Welt, in einer anderen Zeit, dort ist ein Teil von dir. Du könntest sie die Traumzeit nennen wie die Aborigines in Australien. Und ich habe dich wieder geträumt, hier. Also wußten wir, daß wir dich treffen würden, und dann läßt es sich doch an den Fingern abzählen, wozu!« Sie lachte.
»Hast du an meinem Bett gestanden?« Barbara sah Ragnasdotter aufmerksam an.
»Nein!« Ellen mischte sich ein. »Nein, das waren Zaere und ich.«
»Zaere«, Barbara spuckte den Namen fast aus. »Zaere ist tot, Ellen, vor Jahrtausenden gestorben, wie kannst du mit Zaere an meinem Bett stehen?«
Ellen lachte sie an. »Ich bin ja schließlich auch nicht mit dem Intercity von München nach Zürich gefahren, hab' mich wie eine Diebin in deine Wohnung geschlichen und gewartet, bis du im Zustand der Träumerin bist. Warum also nicht Zaere?«

Sie wurde ernst. »Nein wirklich, Barbara. Wir haben uns in der Traumzeit getroffen, und dort wird Zaere immer sein, immer. Außer wir träumen sie nicht mehr.«
Sie sah nachdenklich aus. »Ja, außer wir träumen sie nicht mehr. Keine träumt sie mehr. Dann vielleicht, dann ist sie nicht mehr zu finden. Ganz sicher bin ich mir selbst dessen nicht.« Sie zuckte mit den Schultern und drehte sich zum Sandkreis mit den Steinen.
Ruth war ungeduldig aufgestanden. »Wir haben eine Verabredung«, sagte sie barsch. »Was wollt ihr ihr noch alles erklären, was sie auch selbst erfahren könnte?« Und zu Barbara gewandt sagte sie: »Also was ist, willst du zur Träumerin oder nicht?«
Barbara erinnerte sich an das Gespräch mit Tamaris. »Was ist Begehren, Tamaris?« Nein, das hier war absurd, so absurd wie Tamaris' Geschichten oder die von Katharina. Sie spürte die Fototasche neben sich. Die war real. Aber sie sagte: »Ja, das ist, was ich will.« Und sie spürte eine Sehnsucht, einen heißen Wunsch, Zaere zu treffen und sich selbst, die Träumerin, zu finden, daß ihr erneut die Tränen in die Augen stiegen.
»Na schön«, sagte Ruth, streckte ihr die Hände entgegen und zog sie aus dem Sand hoch. »Dann komm.«
Sie zog sich aus und bedeutete Barbara, dasselbe zu tun. Dann holte sie aus ihrem Beutel zwei Taucherbrillen und Schnorchel, gab einen davon Barbara und ging ins Wasser. Barbara folgte ihr. Das Wasser war noch immer warm und angenehm. Sie tauchten in die Grotte. Es wurde dunkel. Irgendwo vor sich spürte Barbara die Wellenbewegungen, die Ruths Körper verursachte. Ruths Hand tastete nach ihrer Schulter. Sie tauchten auf und kletterten auf einen Felssims. Eine Weile saßen sie in der Dunkelheit,

hörten das Rauschen des Wassers und ihren eigenen Atem. Als sie sich an das Rauschen gewöhnt hatten, hörte Barbara einen merkwürdigen Gesang, kehlig und wild. Ruth fragte: »Kannst du deinen Traumkörper aktivieren?«
»Nein«, gab Barbara zurück. »Ich bin schon froh, daß ich überhaupt wieder träume.«
Ruth stöhnte. »Na schön, dann halt dich an mir fest. Ohne Traumkörper kannst du hier nichts sehen.« Sie stand auf und zog Barbara mit auf die Füße. Eine Hand auf Ruths Schulter, wie eine Blinde, ließ sich Barbara führen. Sie tappten über Fels, der überraschenderweise trocken und spröde unter ihren Füßen war. Der Gesang begleitete sie. Manchmal schien er ganz nahe, dann wieder fern. Nach einer Weile fühlte Barbara einen Luftzug.
»Sind wir in einer Halle?« fragte sie leise.
»Ja, wir sind gleich da.« Ruth führte sie zu einem liegenden Stein. »Leg dich hin und höre.«
Barbara ließ sich auf dem Stein nieder und lauschte weiter dem Gesang. Ruth begann mitzusingen, langgezogene Laute, fremdartig.

Sie trieb auf einer Spirale. Schwebte zwischen Tönen. Sie sah Tamaris und Katharina über den Opal gebeugt, die Köpfe zusammengesteckt und lachend. Ein Spiegel stand vor ihr. Sie sah sich, voller Verrat, voller Mißtrauen, selbst der Erde gegenüber. Immer war sie unterlegen, immer einsam zurückgelassen. Artemis hatte ihr nicht geholfen, die geliebten Frauen hatten sie verraten. Sie hatte nie gewonnen, immer hatten die anderen gewonnen, die Mörder der Haine und der Priesterinnen, die Brüder, die Männer, eine Gesell-

schaft der Mehrheit, der Normalität. In diesem Leben hatte sie sich vorgenommen zu gewinnen. Erfolgreich zu sein, zumindest das. Sie wollte nicht zu den Verliererinnen zählen, zu denen, die verrückt waren, die in dieser Gesellschaft nicht bestehen konnten. Im Spiegel sah sie sich zerrinnen.
Zaere stand im Spiegel und schüttelte den Kopf. So kannst du doch nicht in die Traumzeit. So kannst du dich nicht wiederfinden, nicht zusammenfügen, was du getrennt hast.
Was gibst du mir, um dich wiederzufinden?
Zaere, Barbara versuchte den Spiegel zu berühren, aber es gelang ihr nicht. Zaere, bitte, ich möchte dich wiedertreffen, nicht nur im Spiegel sehen.
Bin ich es, nach der du dich sehnst? Das wird dir nicht helfen. Das Spiegelbild verblaßte.

Ruth sang noch immer. Benommen richtete Barbara sich auf. Das Gefühl des Verratenseins nagte an ihr, des Verlorenseins. Und gleichzeitig fühlte sie sich unfähig. Sie hatte irgend etwas falsch gemacht. Sie hatte wieder nicht gewonnen.
»Sie hat dich nicht vorgelassen. Wolltest du dich selber nicht?« fragte Ruth. Barbara starrte in die Dunkelheit, in die Richtung, in der sich Ruth befinden mußte. »Zaere war im Spiegel, ich wollte sie so gerne treffen.«
»Zaere ist seit dreieinhalbtausend Jahren tot«, sagte Ruth. Wütend stieß Barbara hervor: »Ihr dreht die Dinge, wie ihr wollt. Erst sagt ihr, sie ist immer da, immer in der Traumzeit, und dann sagst du, sie ist seit langem tot. Ich möchte hier raus und nach Hause.«
»Wie du willst.« Ruth nahm ihre Hand und legte sie sich auf die Schulter. Schweigend gingen sie den Weg zurück: Draußen war es später Nachmittag. Barbara war verwun-

dert. Sie hatte in der Grotte jedes Zeitgefühl verloren. Die anderen Frauen saßen beisammen und hatten die Schätze aus ihren Beuteln geholt, Käse, Brot, Wein, Trauben, Tomaten. »Wollt ihr essen?« Ellen sah sie beide freundlich an.

»Nein«, sagte Barbara. »Ich möchte nach Hause.« Sie wollte ihre Niederlage nicht belächelt wissen, sie hatte versagt. Andererseits war eben alles doch nur Unsinn. Was wollte sie hier überhaupt? Ein paar verrückte Frauen faselten von Traumzeit, und sie glaubte alles. Lächerlich. Sie nahm ihre Fototasche. »Vielen Dank. Ich gehe jetzt.«

»Tschau«, Iren und Ragnasdotter sahen sie einen Augenblick forschend an. »Komm gut nach Hause.« Ellens Gesicht war undurchdringlich. Barbara schwankte zwischen der Empfindung, daß sie sich über sie lustig machte, und dem Gefühl, daß sie enttäuscht war von ihr. Ruth hatte sich, nachdem sie aus der Grotte gekommen waren, wortlos ans Essen gemacht und sah auch jetzt nicht auf. Einen Augenblick stand sie unschlüssig da, kämpfte mit sich, ob sie Ellen fragen sollte, was sie falsch gemacht hatte, oder einfach dabeibleiben, daß sie ein paar Verrückten zum Opfer gefallen war. Abrupt drehte sie sich um und kletterte den Hang hinauf. Sie fand den Pfad und dann den Weg, den sie morgens gekommen waren.

»Ich hätte gleich nach Hause gehen sollen. Ich war so gut drauf, hab' gute Fotos gemacht. Sollte mich nicht auf diesen Quatsch einlassen.« Sie murmelte den ganzen Weg vor sich hin, aber ihre Unzufriedenheit wich nicht. Und eigentlich, mußte sie sich gestehen, war sie einfach unglücklich. Ein unglückliches Kind, zurückgewiesen und mit dem Gefühl, etwas falsch gemacht zu haben und wieder verloren zu haben, was sie kurz zuvor noch wiederzufinden gedacht hatte.

»Ich bin über vierzig. Es ist einfach albern.« Sie verlangsamte ihre Schritte. Sollte sie zurückgehen und Ellen fragen, was sie machen konnte, um dorthin zu kommen, wo Zaere war? »Was gibst du mir, um dich wiederzufinden?« hatte Zaere gefragt. Sie hatte Zaere wiedertreffen wollen, dafür hätte es sich gelohnt, in die Traumzeit zu gehen.

»Mich wiederfinden? Ich bin doch da! Ich habe mich nach ihr gesehnt. Ich möchte Frauen wiedertreffen, die ich verloren habe. Danach sehne ich mich. Das ist der Verlust, der an mir nagt. Ich sehne mich doch nicht nach mir!«

Als sie nach Hause kam, war es schon dunkel. Tamaris hatte den Tisch wunderschön gedeckt und gekocht. Sie lief Barbara voller Freude entgegen. Aber kurz vor ihr blieb sie wie angewurzelt stehen und fragte leise und entsetzt: »Wo warst du?«

»Ach«, Barbara zuckte abfällig mit den Schultern. »Ich habe ein paar verrückte Frauen getroffen und mir von ihnen den Tag verderben lassen. Komm, laß uns essen. Ich habe schrecklichen Hunger.« Sie versuchte ein Lächeln. Es mißlang.

Tamaris stellte das Essen auf den Tisch. Sie aßen schweigend. Die junge Frau sah sie nachdenklich und unruhig an. Barbara tat, als würde sie es nicht bemerken. Nach einer Weile schien ihr die Stille unerträglich. Sie hätte gerne geschrien. »Ja, sie haben versucht, mir zu helfen, in die Traumzeit zu kommen, aber ich hab' es irgendwie verbockt. Ich hab's nicht geschafft.«

Sie starrte auf ihren Teller und aß, ohne zu schmecken oder zu sehen, was sie aß. Sie brachte kein Wort hervor.

Wenn sie erzählen würde, wüßte Tamaris sicher, was sie falsch gemacht hatte, und würde den Kopf über sie schütteln und wie in der Nacht zuvor weise Sprüche für sie haben, die ihr nichts nutzten. Sie stand auf, mischte sich einen Campari-Orange und trank ihn in einem Zug. »Ich sollte mich besaufen«, dachte sie, »sinnlos besaufen.«
Sie kehrte Tamaris den Rücken und füllte sich ein zweites Glas. Als sie es an die Lippen setzte, hielt sie inne. Tamaris stand dicht hinter ihr, hatte die Hand auf ihre Schulter gelegt, und der leichte Druck ließ sie sich zu ihr umdrehen. Wortlos nahm Tamaris sie in die Arme. In ihrem Körper brach ein Damm, den sie selbst nicht mehr hatte durchbrechen können. Tamaris Berührung hatte sie aus der Starre und Abgeschiedenheit erlöst. Sie weinte. Und dann erzählte sie stockend die ganze Geschichte des Tages. Tamaris hörte ihr zu, ohne sie zu unterbrechen.
»Ich hab' es nicht geschafft!« schluchzte Barbara.
»Ach was«, Tamaris winkte ab. »Du bist so weit gegangen, wie du gehen konntest, und hast dabei all das gesehen, was dich hindert weiterzugehen. Dafür machen andere jahrelang Therapie und zahlen einen Haufen Geld.«
Barbara starrte sie an, bis beide in schallendes Gelächter ausbrachen. »So kann eine das auch sehen!«
Sie hielten sich in den Armen und lachten, bis ihnen die Tränen über die Wangen liefen. »Komm ins Bett, du perfektionistisches Ungeheuer.« Barbara war von den Ereignissen des Tages so erschöpft, daß sie leicht und schnell in Tamaris' Armen einschlief.
Tamaris lag wach. »Was für einen Sinn hat das alles? Wohin führt das? Was ist das nur für ein Muster? Und was bewirkt es?« Über den Fragen, die sich nicht beantworten ließen, schlief auch sie ein. Neben ihr begann Barbara

zu träumen. Sie spürte es noch im Hinübergleiten und fiel in ihr eigenes Universum hinein, fort von der Geliebten, in andere Räume und Zeiten.

Das silberne Schiff lag still in unermeßlichen Räumen. Tamaris und Artemisia von den Kore-Inseln blickten einander erwartungsvoll an. Zeiten zogen an ihnen vorbei. Die Runenstabträgerin warf die Stäbe, sammelte sie wieder ein und warf sie erneut.
»Seht«, Nöli von Spicas Stimme war aufgeregt. Sie blickten auf den Zeit-Raum-Bildschirm.
»Das ist die Erde, nicht wahr.« Lin steuerte das Schiff durch die Zeiträume, während es still im Sternbild der Jungfrau lag.
Auf dem Bildschirm sahen sie einen Raum. Tamaris zeigte auf die Frau, die eintrat. »Kahel Arra in ihrer Inkarnation in der Anfangszeit des Wasserfrauzeitalters auf der Erde«, sagte sie und ihre Augen leuchteten. Eine zweite Frau betrat den Raum. Sie stand erwartungsvoll vor Kahel Arra.
»Kennst du die Schwingungen eines jeglichen Moleküls dieses Steins?« fragte Kahel Arra.
»Ja, ich erkenne«, antwortete die Frau vor ihr.
»Kennst du das Zusammenspiel der Moleküle?«
»Ja, ich erkenne.«
»Kennst du die Brechung des Lichts?«
»Ja, ich erkenne.«
»Kennst du die Schwere?«
»Ja, ich erkenne.«
»Kennst du die feinsten Teilchen?«
»Ja, ich erkenne.«
»Kannst du die Stimmen der Materie hören?«
»Ja, ich höre sie.«

»Kennst du die Stimme der Stille?«
»Ja, ich erkenne.«
»Kennst du die Schwingungen, die in den Zwischenräumen liegen?«
»Nein, ich erkenne nicht.«
»Ihre Erinnerung ist verdunkelt.« Kahel Arra wandte sich einer dritten Gestalt im Hintergrund zu.
»Guianah«, flüsterte Tamaris erstaunt. »Guianah von den Plejaden, Hüterin des weiblichen Traums für die Erde.«
»Die Frau, die von Kahel Arra befragt wurde, kann sie sie sehen?«
Artemisia sah Tamaris zweifelnd an.
»Wahrscheinlich nicht. Wenn sie die Zwischenräume nicht erkennt, kann sie möglicherweise außer den irdischen Zeiträumen nichts wahrnehmen«, sagte Tamaris.
Artemisia schüttelte mißbilligend den Kopf.
»Scht, hört zu«, zischte Lin.
»Ich bin müde, Guianah«, sagte Kahel Arra, »keine erkennt vollständig. Manche ahnen, manche spüren Sehnsucht, manche erinnern Bruchstücke. Jede hat irgendwo diese blinden Stellen, diese Verdunklungen der Erinnerung. Ich komme so nicht weiter.«
Guianah lachte. »Tamaris ist unterwegs mit den Heilerinnen. Sie werden mit Zustimmung der Schwesternschaft die große Medizin des Verdunkelns von den Kriegerinnen nehmen. Sei nicht traurig. Du weißt so gut wie ich, daß das Verdunkeln Tartanies Segen war, bevor sie uns verließ. Wir hätten nicht überleben können all die Zeiten, in denen der Raum dazwischen versiegelt war.«
Nöli von Spica zog hörbar den Atem ein. »Deshalb also liegen wir hier.« Die Runenstabträgerin warf die Stäbe ein letztes Mal.

Kahel Arra seufzte. »Ja, ich weiß.« Ihre Stimme zitterte ein wenig, als sie fragte: »Woher weißt du, daß sie kommt?«
»In meinem Innenraum sehe ich die glänzenden Flügel des Schiffes und höre die kehligen Laute der Heilerkriegerinnen. Und«, in Guianahs Stimme schwang eine tiefe Zärtlichkeit, »ich höre Tamaris' Lachen, näher, als ich es viele Äonen lang vernommen habe.«
Kahel Arras Hand legte sich auf die Schulter der Schülerin. »Dann wird es gut werden. Die Tore werden aufschwingen, und die große Medizin des Verdunkelns wird freigelassen werden.«
Sie wandte sich der Schülerin zu. »Geh nur, geliebte Kriegerin. Bereite dich auf die Operation vor. Es wird kein Schmerz sein, nur ein unendlicher Augenblick der Orientierungslosigkeit. Lade die Unvorhersehbarkeit ein. Danach wirst du erkennen.«
»Wie sie dich lieben, nicht nur in deiner Funktion.« Artemisia sah Tamaris an.
»Wie ich sie liebe, durch alle Zeiträume hindurch«, sagte Tamaris.
Das Schiff nahm Kurs auf die Erde.

Als Tamaris am Morgen erwachte, hatte sie eine neue Frage, die so wenig zu beantworten war wie die, die sie sich vor dem Einschlafen gestellt hatte. Wer war sie außer Tamaris im Zeitraum ihrer Erdeninkarnation am Ende des zwanzigsten Jahrhunderts dieser Zeitrechnung? »Vielleicht sollte auch ich die Unvorhersehbarkeit einladen und auf die Operation der Kriegerheilerinnen warten«, dachte sie. »Ich muß mich genauso wiederfinden wie Barbara.« Sie stand auf und ging ans Fenster. Der Himmel war blau, es war ein wunderschöner Sonnentag. Sie starrte hinauf. Irgendwo da oben war das Schiff.

»Es ist nicht materiell. Es ist ein Schiff der Zwischenräume, und du findest es auch *irgendwo* in dir«, hörte sie Artemisias Stimme. Sie fuhr herum. Es war keine außer ihr und der schlafenden Barbara im Raum. »Ich bin verrückt«, dachte sie, aber es ängstigte sie nicht. Sie ging in die Küche und machte Kaffee. Mit zwei Tassen kehrte sie zum Bett zurück. Barbara streckte sich schläfrig. »Kaffee, meine schöne Freundin«, sagte Tamaris. »Hast du gut geschlafen?«

»Hm, ich hab eine Menge geträumt, aber alles ist verschwommen, und ich kann mich nicht richtig erinnern.« Barbara setzte sich im Bett auf. »Kaffee«, sagte sie, »wunderbar. Was machen wir heute?«

Tamaris lachte sie an. »Gestern hab' ich in einer Zeitschrift über Delphine und Wale gelesen. Sie leben mindestens vier Stunden am Tag nur ihre Sinnlichkeit. Und das nicht nur unter sich, sie machen Taucher an und Heringe und spielen einfach mit ihrer sexuellen Energie. Es soll ein Zeichen für hohe Intelligenz sein. Ich habe Delphine schon immer geliebt. Aber gestern hab' ich mir gedacht, ich könnte noch eine Menge von ihnen lernen.«

Barbara sah sie über den Rand ihrer Kaffeetasse hinweg an. »So«, sagte sie, »keine schlechte Idee.«

7.

Gibt es einen Grund zu ruhen?

Wenn du die Morgenröte erkennen willst,
lege den Kopf in den Schoß des Orakels.
Wenn du es wagst, zu atmen und nichts
zu tun, liegt die Stimme der teilnahmslosen
Weberin am Grunde deines Sees.

Sie blieben noch eine Woche auf der Insel. Tamaris ging nicht mehr zu den Tempeln. Sie genoß den spätherbstlichen Strand und die Wanderungen mit Barbara, bei denen die Fotografin Film auf Film verbrauchte. Manchmal spürte sie Barbaras suchenden Blick. Die vier Frauen waren nirgends mehr aufgetaucht, und Barbara hatte sich nach einem Nachmittag, den sie mit der vergeblichen Suche nach dem Pfad zur Grotte verbracht hatten, geschworen, nicht weiter zu suchen. Es gab Augenblicke, in denen sie nach wie vor dachte, sie habe eine einmalige Chance verpaßt, um gleich darauf in das andere Extrem zu fallen und zu denken, die Ereignisse dieses besonderen Tages wären einfach verrückt gewesen und ohne jeden Sinn. Am besten war, den Tag einfach zu streichen.

Aber es gab auch eine Gewißheit in ihr, die ihr neu war und ihr eine Ruhe gab, die sie nie zuvor empfunden hatte. Sie brauchte nicht zu suchen. Es gab Zeitpunkte für alle Dinge und Taten, und sie würde nichts verpassen, wenn sie einfach eine Woche mit Tamaris Urlaub machte.

Als sie auf dem Schiff zurück nach Sizilien standen, weinte Barbara. Tamaris legte den Arm um sie. Sie wußte, daß es keinen Trost gab, genau wie für sie damals, als sie die Insel verlassen hatte. Sie konnte nur dasein. Barbaras Schmerz war nicht ihrer, und Mitgefühl war nichts, was ihn lindern konnte. Sie selbst war voller Vorfreude auf die Insel und die vertrauten Frauen. Nur ab und zu beschlich sie das Gefühl, daß nach all den Jahren auch alles fremd sein könnte.

»Sie haben eine Mole gebaut. Dann werden wir nicht in die Barke umsteigen müssen.« Tamaris hielt Barbaras Hand aufgeregt umklammert. Sie standen an Deck des Schnellbootes, das sie von der sizilianischen Küste auf die Insel der Frauen brachte.
»Deine Hand ist eiskalt vor Aufregungen«, Barbara lächelte Tamaris an.
»Und deine ist heiß. Fürchtest du dich, Katharina wiederzusehen?«
Tamaris führte Barbaras Hand an den Mund und küßte sie leicht. »Ja und nein, ich fürchte mich, bin aufgeregt und freue mich.«
Das Schiff machte an der Mole fest. Tamaris zeigte auf eine Frau, die dort stand. »Das ist Arelas. Ich habe dir von ihr erzählt.« Sie lachte und winkte. »Offensichtlich haben sie schon wieder mal mitbekommen, daß wir anreisen.«
Ungeduldig wartete sie darauf, daß die Besatzung des Schiffes die Treppen ausfuhr, damit sie an Land gehen konnten. Sie schulterten beide ihre Rucksäcke. Das restliche Gepäck hatten sie in Malta nach Zürich aufgegeben. Tamaris sprang als erste auf die Mole und lief Arelas entgegen, umarmte sie voller Freude und mit kindlicher Heftigkeit. Sie drehte sich nach Barbara um und stellte die beiden Frauen einander vor.
»Herzlich willkommen, Barbara!« Arelas streckte Barbara beide Hände entgegen, einen Augenblick hielten sie einander so. Dann ließ Arelas los und drehte sich nach ei-

ner jungen Frau um, die bis dahin im Hintergrund gestanden hatte. »Joel, magst du die Eselin mit dem Gepäck beladen?«
Tamaris half, so selbstverständlich wie früher. »Komm«, sagte Arelas, »bevor wir aufsteigen, nehmen wir noch einen Kaffee bei Anna.« Zu Barbara gewandt fuhr sie fort. »Ich hoffe, es ist dir recht, nach der langen Reise einen Moment Pause zu machen, bevor es weitergeht.«
Barbara nickte. Die Insel gefiel ihr und auch diese Frau mit dem klaren, offenen Gesicht. »Ist Katharina oben?« fragte Tamaris.
Aber Arelas schüttelte den Kopf. »Nein, sie ist seit neun Monaten auf Reisen. Aber sie hat euch beiden eine Reihe von Briefen dagelassen.«
Tamaris sah enttäuscht aus, und auch Barbara ließ den Kopf hängen.
Arelas lachte. »Ihr wollt hoffentlich nicht gleich wieder abreisen. Wir da oben sind auch nicht ohne.«
Sie ging voraus zu dem kleinen Laden, den Tamaris noch kannte, öffnete die Türe und sagte ins Halbdunkel hinein: »Tschau, Anna, können wir drei Cappuccini bekommen?«
Eine rundliche Frau kam in den Vordergrund und lächelte. »Si, signora, chiaro.« Als sie Tamaris sah, breitete sie die Arme theatralisch aus und rief: »Oh, unsere Kleine ist wieder da, und wie erwachsen du geworden bist! Laß dich ansehen.«
Sie ging aufmerksam um Tamaris herum und schüttelte den Kopf. »Du siehst so nach Stadt aus. Wirst du wieder hier leben?«
»Nein, Anna«, Tamaris nahm die Frau in die Arme, »nein, ich werde zurückgehen in die Stadt. Ich wollte die

Heimat nur besuchen. Ach, es ist schön, dich wiederzusehen. Was machen deine Kinder? Und der alte Großvater und dein Mann?«
Anna lachte: »Also, die Kinder sind fast so groß wie du, sie gehen zur Schule, Großvater ist seit vier Jahren tot, und Ettore«, sie machte eine wegwerfende Bewegung, »du weißt ja, er ist ein guter Mann, aber wir haben uns nicht allzuviel zu sagen. Na, er ist auf der Nachbarinsel bei Bauarbeiten. Den Laden führe ich seit letztem Jahr alleine.« Wieder lachte sie. »So kommen wir am besten aus.«
Sie drehte sich aus Tamaris' Umarmung und sagte streng: »Ich mache euch jetzt Kaffee, sonst kommt ihr nicht mehr vor der Dunkelheit oben an.« Damit verschwand sie im Hintergrund des Ladens, und die drei Frauen hörten sie murmelnd ihrer Arbeit nachgehen. Arelas zuckte mit den Schultern. »Du kennst sie ja, nur nicht sentimental werden, ist ihre Devise.«
Sie tranken ihren Kaffee und begannen dann den Aufstieg.
»Ich würde gerne fotografieren«, sagte Barbara nach einer Weile. »Ist euch das recht?«
Arelas setzte sich auf eine Stufe und atmete langsam und bedächtig: »Ich muß ohnedies eine Pause einlegen. Mach nur, wenn Fotografieren eine deiner Leidenschaften ist.«
Tamaris ging langsam weiter. »Ich gehe schon mal voraus. Laßt euch Zeit. Wo können wir wohnen, Arelas?«
»In Katharinas Haus, sie hat es selber so gewollt.«
»Woher wußte sie, daß wir kommen?« fragte Tamaris und merkte im nächsten Augenblick, wie überflüssig diese Frage war.

Arelas grinste sie an: »Es ist ihr zu Ohren gekommen! Sonst hätte sie ja auch nicht die Briefe für euch dagelassen.«

»Schon gut«, Tamaris winkte ab und setzte ihren Weg fort.

Barbara und Arelas stiegen gemächlich weiter hinauf. Von Zeit zu Zeit legten sie eine Pause ein. »Ihr seid Gefährtinnen, Katharina und du?« Barbara sah Arelas scheu von der Seite an.

»Ja«, sagte Arelas. »Wir sind einander oft nah, sind einander glücklich fremd, arbeiten gerne zusammen, trennen uns oft. Weißt du, wir leben hier keine Paarbeziehungen. Wir sind einander Gefährtinnen und Geliebte, aber keine ist ausschließlich Gefährtin mit einer oder Geliebte. Das wolltest du doch wissen, oder nicht?«

»Hm«, Barbara blickte angestrengt auf die Stufen vor sich. »Ist das nicht schwer?«

»Es hat lange gedauert, wenn du das meinst. Lange, bis wir einander vertraut haben, bis keine mehr Verlustängste produzierte, sich zurückgesetzt fühlte, einen intensiven Kontakt nicht wieder abbrechen ließ, nur weil die Geliebte auch mit einer anderen ihre Intensität lebte. Aber wir wollten einander ja auch frei und tief, leicht und teilend begegnen. Keine kann unsere vernetzte Arbeit machen, wenn sie ihre Intensität exklusiv nur mit einer leben will. Das wäre absurd und entspricht auch nicht unserer Vorstellung von *teilen.*« Sie sah Barbara fragend an. »Willst du sonst noch etwas wissen?«

»Nein«, Barbara schüttelte den Kopf. »Es ist, als würdest du von einer Utopie sprechen, der ich mich nicht gewachsen fühle.«

»Ach«, Arelas lachte. »Erst einmal ist es die Frage, ob es dein Begehren wäre, so zu leben. Dann kommt das Wachsen ganz von selbst. Und schließlich heißt das ja auch nicht, daß sich zwei nicht ihre Zeit für ihre gemeinsame Intensität nehmen. Komm, sieh es dir einfach an, vielleicht gefällt es dir, vielleicht auch nicht. Mach dir keine Gedanken darüber.«
Sie gingen weiter, bis die ersten Häuser des Dorfes über ihren Köpfen sichtbar wurden. Arelas zeigte hinauf. »Dort, das weiße Haus an den roten Felsen, das ist Katharinas Haus. Und hier«, sie wies auf eines, das ein wenig weiter unterhalb lag und ockerfarben leuchtete, »das ist meines. Das dort oben sind die Arbeitsräume und die Werkstätten. Und das Haus darüber mit der großen Terrasse ist die Gemeinschaftsküche. Links davon liegen die Häuser, in denen Mädchen und Frauen wohnen, die zum Lernen eine Weile bei uns sind, und darunter die drei sind Fanjas, Olgas und Annas Häuser.«
Barbara blickte hinauf zu der Ansammlung von Häusern inmitten blühender Terrassengärten. »Anna aus dem Laden?« fragte sie erstaunt.
Arelas lachte: »Nein, Anna aus dem Frauendorf. Du wirst sie alle noch kennenlernen. Heute abend essen wir mit ein paar Freundinnen bei mir. In der Gemeinschaftsküche sind es so viele. Nach der Reise ist es sicherlich zu viel, alle aufzunehmen.«
»Danke«, sagte Barbara und starrte weiter hinauf. Das war Katharinas Zuhause. Hier arbeitete sie, hierher kehrte sie von ihren Reisen zurück. Sie war plötzlich froh, daß sie nicht auf der Insel war. Sie hätte nicht gewußt, wie ihr begegnen. Sie stiegen näher hinauf.
Tamaris stand auf der Terrasse von Katharinas Haus und

winkte ihnen zu. »Ich hab' uns Wasser warm gemacht, um den Reisestaub abzuwaschen«, rief sie.
Barbara eilte auf sie zu, sie hörte nur noch nebenbei, wie Arelas sagte: »Bis später« und in den schmalen Weg zu ihrem eigenen Haus einbog. Auf der Terrasse nahm sie Tamaris in die Arme. »Ich liebe dich«, flüsterte sie, »ich liebe dich. Ich bin froh, daß Katharina nicht da ist. Es hätte mich verwirrt.«
Tamaris hielt sie eine Armeslänge von sich weg und sah sie forschend an. »Du liebst auch Katharina, und es hätte dich verwirrt, mit uns beiden hierzusein, nicht wahr?«
Barbara nickte. »Ja, das, was Arelas sagt, wie sie hier zusammenleben. Ich weiß nicht, ob ich das könnte, Tamaris.«
Tamaris tanzte vor ihr auf der Terrasse auf und ab. »Der nächste Schritt ist, dich mit warmem Wasser zu waschen, der übernächste, mit mir zu Arelas' Haus zu gehen und etwas zu essen, was danach kommt, weiß keine von uns. Mach dir nicht den Kopf kraus mit Wenn und Aber und könnte oder nicht.« Sie sprang um Barbara herum und fuhr ihr in die Haare.
Barbara begann zu lachen. »Du bist jedenfalls glücklich, hierzusein. Das ist eindeutig.«
»Ja«, sang Tamaris, »ja, ja, ja.«

In Arelas' Haus war der Tisch wundervoll gedeckt. Arelas hatte Olga, Fanja und Anna mit zum Essen geladen, und die vier Frauen saßen bereits beim Aperitif, als Tamaris und Barbara kamen. Tamaris begrüßte sie stürmisch. Barbara wurde vorgestellt. Arelas begann, das Essen aufzutragen, und Fanja half ihr dabei.
Während des Essens erzählten die Frauen, lachten, erin-

nerten sich gegenseitig an gemeinsame Unternehmungen, fragten. Barbara aß stumm. Sie fühlte sich schwerer und schwerer werden, während sie Tamaris beobachtete, die glücklich mit den anderen lachte. Sie erzählte von ihren Erlebnissen mit der alten Wolfstänzerin auf Island, von ihrer Angst vor dem Reisen, die sie mittlerweile selbst komisch fand.
»Sie ist hier vertraut, genauso zu Hause wie Katharina.«
Barbara dachte flüchtig an die vier Frauen auf Malta. Ob sie mit ihnen eine solche Vertrautheit hätte haben können?
»Ach, übrigens, hat Zaere dich erreicht?« Arelas' Frage drang langsam in Barbaras Bewußtsein. Alle Augen waren auf sie gerichtet. Tamaris wollte ihr zu Hilfe eilen, wußte sie doch, daß Arelas einen wunden Punkt angesprochen hatte. Aber Arelas' Hand faßte unter dem Tisch hart nach ihrem Knie, und sie hörte deren Stimme im eigenen Kopf: »Laß sie, du brauchst sie nicht zu schützen.« Sie atmete tief aus und schwieg.
Barbara starrte Arelas an. Wut stieg in ihr hoch. Hart legte sie Messer und Gabel auf ihren Teller. »Zaere ist seit mehr als dreieinhalbtausend Jahren tot«, sagte sie barsch.
»Ja, auch, aber nicht nur. Ich bin auch eine der Träumerinnen, jedenfalls eher als eine Wolfstänzerin. Magst du es mir erzählen?« Arelas sah sie freundlich an.
Barbara schluckte. Ihr Mund war trocken, und sie hatte das Gefühl, keinen Ton sagen zu können. Die Wut war verraucht. Sie spürte Panik aufsteigen, die Unfähigkeit, sich in ihrer Verletzlichkeit zu zeigen. Kurz dachte sie an Ellen und daß es ihr nicht möglich gewesen war, sie zu fragen, was sie falsch gemacht hatte. Sie sah zu Ta-

maris hinüber. In ihren Armen hatte sich die Enge gelöst, damals. Jetzt lächelte Tamaris sie aufmunternd an.
Sie holte tief Luft und begann stockend zu erzählen. Die Frauen hörten ruhig und aufmerksam zu. Das Gefühl sich bloßzustellen, verlor sich allmählich. Langsam spürte sie, daß keine sich über sie lustig machen wollte. Sie erzählte die ganze Geschichte. Wie sie, während Tamaris sie liebte, an die Erinnerungsräume gestoßen war, wie sie sich geöffnet hatten. Sie erzählte ihren Traum von Malta und die Begegnung mit den vier Frauen dort und schließlich die Erfahrungen in der Halle hinter der Grotte.
Eine Weile schwiegen alle, nachdem Barbara geendet hatte. Dann fragte Olga, und in ihrer Stimme lag soviel Zuneigung und Einfachheit, daß Barbara spürte, wie ihr Tränen in die Augen traten: »Und jetzt, hast du inzwischen ein Begehren nach dir selbst entwickeln können, oder fühlst du es immer noch als Sehnsucht nach Zaere und den Träumerinnen?«
Barbara schluckte: »Wenn ich ganz ehrlich bin, dann sehne ich mich in manchen Augenblicken nach Zaere, nach den vier Frauen auf Malta, die ich kaum kenne, nach einer solchen gleichgesinnten Gemeinschaft, wie ihr sie habt. Ich weiß nicht, was ich wirklich von mir verloren habe, also begehre ich es auch nicht. Und wenn die Sehnsucht nach den anderen nicht da ist«, sie machte ein klägliches Gesicht, »dann kommt mir alles ohnedies wie eine lächerlich, unwirkliche Geschichte vor.«
Die Frauen am Tisch lachten fröhlich und laut. »Das kennen wir alle«, sagte Fanja. »Dann sieht die Welt eindimensional aus, und von dieser Dimension aus ist alles andere

unrealistisch. Ich zum Beispiel bin dann nur noch Künstlerin. Was immer das heißt.« Sie zuckte belustigt die Schultern.

»Da ist erst mal nichts zu machen, Barbara«, sagte Olga. »Wenn eine sich nicht begehrt, kann sie so wenig machen, als wenn eine andere käme und von ihr begehrt werden möchte, wenn da nichts ist, keine Anziehung, kein Wunsch zu teilen. Tja, laß dir Zeit. Es war ohnedies viel in diesen letzten Monaten, findest du nicht?«

»Tamaris nennt mich perfektionistisches Ungeheuer, und wahrscheinlich ist was dran«, Barbara grinste zu Tamaris hinüber.

Die junge Frau lachte sie an. »Sicher, sonst würde ich es doch nicht sagen!«

Nach dem Abendessen spürten sie beide die Müdigkeit nach der Reise. Sie verließen Arelas' Haus. Die Frauen wünschten ihnen eine gute Nacht und schöne Träume. Arm in Arm gingen sie den Weg hinauf zu Katharinas Haus.

»Bist du glücklich, hierzusein?« Barbara sah Tamaris forschend von der Seite an.

»Ja, sehr.« Tamaris küßte sie leicht ins Haar. »Schade nur, daß Katharina nicht da ist, ich vermisse sie.«

Auf der Terrasse standen sie eine Weile still, die Hände ineinander verschlungen. Die Ruhe der Insel hüllte sie ein. Traurigkeit wuchs zwischen ihnen, das deutliche Gefühl von Abschied. Bis zu diesem Augenblick hatten sie es nicht wahrgenommen, aber jetzt fühlten sie es beide. Ihre Wege trieben auseinander. Auch wenn sie sich aneinanderklammern würden, gab es kein Zurück.

Barbara hielt Tamaris im Arm. »Was wirst du tun?« fragte sie.

»Tanzen, Erinnerungsräume öffnen, Verbindungen herstellen zwischen verlorenem und gefundenem Wissen. Den Tanz der Kriegerheilerin tanzen, dazu bin ich hier.«

Tamaris schmiegte sich an Barbara. »Und du?«

»Ich weiß nicht. Mich suchen«, Barbara starrte in die Nacht. »Die Träumerin erwacht, ich bin ein Teil des Traums, wirksam träumen will ich wieder. Ja, mich finden und die anderen Träumerinnen, damit der Traum ein Ganzes wird. Und«, sie stockte einen Augenblick, »und Katharina finden. Sie ist wie eine nie verheilende Wunde in mir. Ich habe sie verlassen, im Zorn und gekränkt. Vielleicht war nicht sie es, die mich verraten hat. Vielleicht habe ich nicht begriffen, wer wir beide sind, im Muster der Träumerin. Dich kann ich gehenlassen, weil ich uns beide spüre im Gewebe des erwachenden Traums. Dich verliere ich nicht. Du kreist in meinem Körper. Aber Katharina, Zaere und die anderen sind Wunden, wie der heilige Hain, den ich nicht mehr träumen wollte, als er ermordet wurde.«

»Ist es das, was Zaere meinte, als sie dich fragte, was du ihr dafür gibst, wenn du dich findest, dein Mißtrauen, dein Abgeschnittensein? Wirst du ungeteilt sein, wenn du all die Fäden wieder knüpfen kannst? Deine Fähigkeit zu träumen, wird sie wieder dasein, wenn du die Verbindungen wieder teilst, die du aus Schmerz zerrissen hast?«

»Mag sein«, sagte Barbara leise. »Ich fürchte mich davor, die Zukunft zu träumen, ich fürchte mich davor zu sehen. Aber größer als diese Furcht ist das Begehren, die Wunde zu heilen.« Sie lächelte Tamaris in der Dunkelheit an.

Sie gingen ins Haus. Auf dem Tisch in Katharinas Arbeitszimmer lagen ordentlich zwei Stapel mit Briefen, einer für Tamaris und einer für Barbara, und zwischen ihnen lag ein Zettel mit Katharinas Handschrift.

Ich reise, meine Schwester, ich reise, meine Tochter, von Tor zu Tor, von Frau zu Frau. Um das Muster zu knüpfen, um die Tore zu öffnen, für die Schiffe, für den Atem der Träumerin, der sich hebt und senkt, in einer Wirklichkeit, die uns fast schon verloren schien.

Epilog

Nachdem Barbara und Tamaris die Briefe und Notizen gelesen hatten, die für sie bestimmt gewesen waren, machten sie sich auf. Sie trafen Katharina im schwarzen Stein. Das Schiff lag ruhig in den unerreichbaren Zwischenräumen. Sie betraten es wie alle anderen Frauen durch ihre Fähigkeit zu teilen.
Sie legten der Unvorhersehbarkeit ihren Zorn und ihr Entsetzen, ihren Mut und ihr Vertrauen zu Füßen. Und diese, endlich genährt, stand auf, schwang sich auf den Rücken der Wölfin und trug die Träumerin in die Welt.
Die Zahl der Teilnehmerinnen an dieser Konferenz ist in unserem mathematischen System nicht enthalten. Sie verließen das Schiff mit der Unvorhersehbarkeit und kehrten an die Orte ihres Wirkens zurück.

Knaur®

Pollack, Rachel
Tarot – 78 Stufen der Weisheit
Tarot kann Lebenshilfe, Entscheidungshilfe, Wegweiser durch schwierige Situationen und Schlüssel zur Selbstfindung sein – wenn wir verstehen, die Geheimnisse seiner Bilder und Symbole zu dechiffrieren.
400 S. mit 100 Abb. [4132]

Das Tarot-Übungsbuch
Während das überaus erfolgreiche erste Buch der Autorin, »Tarot«, eine Einführung darstellt, setzt dieses Buch gewisse Grundkenntnisse voraus. Die hier geschilderten markanten Beispiele werden dem Leser zahlreiche Anregungen für die eigene Tarot-Praxis vermitteln.
240 S. mit s/w-Abb. [4168]

Tietze, Henry G.
Entschlüsselte Organsprache
Krankheit als SOS der Seele. Verdrängte und unterdrückte Gefühle schlagen sich in ganz bestimmten Körperregionen nieder, wo sie schließlich psychosomatische Krankheiten verursachen. Der Psychotherapeut Henry G. Tietze gibt einen Überblick über das Wesen dieser Krankheiten, ihre Ursachen und ihre Behandlungsmöglichkeiten. 272 S. [4175]

Sasportas, Howard
Astrologische Häuser und Aszendenten
Neben dem Tierkreiszeichen-System ist das Häuser-/Aszendenten-System die zweite, überaus bedeutsame Quelle astrologischer Interpretationsmöglichkeit. Seltsamerweise gibt es hierzu kein einziges, für die Deutungspraxis brauchbares Buch.
624 S. mit s/w-Abb. [4165]

Sakoian, Frances / Acker, Louis S.
Das große Lehrbuch der Astrologie
Wie man Horoskope stellt und nach neuesten wissenschaftlichen Erkenntnissen Charakter und Schicksal deutet. 551 S. mit zahlr. Zeichnungen. [7607]

Schwarz, Hildegard
Aus Träumen lernen
Mit Träumen leben. Dieses Traumseminar geleitet uns über einen Zeitraum von acht Abenden in die Welt der Träume. Ein Symbolregister ermöglicht es, diese tiefgehende Einführung auch als Nachschlagewerk zu benützen.
272 S. [4170]

Garfield, Patricia
Kreativ träumen
Die Autorin erläutert ausführlich und leicht verständlich jene Techniken, mit Hilfe derer jedermann innerhalb kurzer Zeit entscheidenden Einfluß auf seine Träume nehmen kann. 288 S. [4151]

ESOTERIK